Revele-se Empreendedor

Gastão Reis

Revele-se Empreendedor

Os segredos de quem faz acontecer

Linotipo Digital

Editores: *Laerte Lucas Zanetti e Luiz Márcio Betetto Scansani*

Coordenação de produção: *Laerte Lucas Zanetti*

Preparação de textos: *Lindsay Gois*

Revisão de provas: *Lindsay Gois e Luiz Márcio Betetto Scansani*

Capa: *Marina Avila com ilustração de Mario Domingues Neto*

Foto do autor: *Oliveira Jr.*

Diagramação e projeto gráfico do miolo: *Spress Diagramação & Design*

Dados Internacionais de Catalogação na Publicação (CIP)
(Câmara Brasileira do Livro, SP, Brasil)

Reis, Gastão
Revele-se empreendedor : os segredos de quem faz acontecer / Gastão Reis. — São Paulo : Linotipo Digital, 2012.

Bibliografia
ISBN 978-85-65854-00-9

1. Administração de empresas 2. Empreendedorismo 3. Empresários 4. Sucesso em negócios I. Título

12-08422 CDD-658.421

Índice para catálogo sistemático:
1. Empreendedorismo : Administração de empresas 658.421

Este livro segue as regras do Acordo Ortográfico da Língua Portuguesa, em vigor desde 01/01/2009.

2012
Todos os direitos desta edição reservados à
Linotipo Digital Editora e Livraria Ltda.
Rua Marconi, 107, sala 505
01047-000 - República - São Paulo, SP
www.linodigi.com.br - (11) 3256-5823

Dedicatória

À Wal, mulher forte, sempre presente na alegria e na dor.
Aos filhos Filipe e Luísa, possuídos, tal qual a mãe, pelo vírus do Espírito Empreendedor.
Ao Henrique, meu neto, a quem desejo essa bênção realizadora ao longo de sua vida.

Agradecimentos

Pode parecer estranho fazer um agradecimento a duas instituições antes de nomear pessoas físicas. Mas não há como deixar de mencionar o SEBRAE – Serviço Brasileiro de Apoio às Micro e Pequenas Empresas e o Conselho de Gestão Estratégica para a Competitividade da FIRJAN. O SEBRAE por ter trazido para o Brasil e disseminado o EMPRETEC, uma espécie de tecnologia de empreendedorismo prático. Em outras palavras, um seminário de imersão em comportamentos empreendedores (pesquisados, testados e comprovados) capaz de ser um divisor de águas na vida de muitos empresários, como foi o meu caso, em que o Espírito Empreendedor passou a assumir o comando. Merecem minha gratidão os facilitadores de minha turma do EMPRETEC de 1999: Everaldo Lessa, Fernando Gameleira e Adilson Rangel. A segunda instituição, o Conselho de Competitividade da FIRJAN, presidido, com muita competência, por Ângela Costa, onde tive a oportunidade de me manter afiado em temas relacionados à competitividade empresarial. Agradeço também a seus conselheiros e conselheiras, com quem muito aprendi ao longo desses últimos anos. E continuo aprendendo.

Eduardo Eugenio Gouvêa Vieira, presidente do Sistema FIRJAN, contribuiu com a atenta leitura dos originais e a instigante sugestão de mudança de título para *Revele-se empreendedor* em vez de *O empreendedor revelado*. O subtítulo – *Os segredos de quem faz acontecer* – não tinha mesmo como mexer. Quem não gosta de saber de segredos, em especial aqueles que nos dão um diferencial e tanto?

Agradeço ainda aos meus familiares a compreensão pelas horas de convívio perdidas, dedicadas ao livro. Em especial à minha mulher Wal, pelo apoio sempre renovado.

À professora Kátia Manangão, pela leitura dos originais e sugestões oferecidas. À minha assessora Rose Carvalho, pelo incentivo e pelas cobranças para o livro chegar a bom termo. E a todos aqueles com quem interagi no processo e sempre me deram o maior incentivo para seguir adiante.

Apresentação

Fiquei muito feliz e, ao mesmo tempo, preocupado em ter um espaço para falar a respeito do tema Empreendedorismo, que tem hoje lugar de destaque em nosso país. É clássica e marcante a divisão em dois tipos: o Empreendedor por necessidade e o Empreendedor por oportunidade. No primeiro caso, encontramos aqueles que o adotam como uma alternativa ao desemprego ou mesmo em função de sua baixa escolaridade, enquanto no segundo caso estão os que iniciam um novo empreendimento por detectar uma oportunidade de mercado, normalmente por disporem de recursos financeiros ou de grau de escolaridade mais elevado. O livro *Revele-se empreendedor – Os segredos de quem faz acontecer* é uma ótima ferramenta de reflexão para estes últimos, embora não exclua os que o fazem por necessidade.

Foi surpreendente encontrar nas recentes estatísticas oficiais que os Empreendedores representam uma parcela de 17,5% da força de trabalho do nosso país. Mais surpreendente ainda foi saber que o Brasil tem uma parcela expressiva de Empreendedores na faixa etária de 18 a 24 anos.

Entre os países do grupo identificado pela sigla BRIC – Brasil, Rússia, Índia e China –, assim denominados por Joseph O'Neil, o Brasil se destaca por ter o maior percentual de Empreendedores. Isso mudou a visão que tínhamos em relação ao caso americano em que bastava pôr uma placa com os dizeres "Brevemente aqui mais um hotel para a nossa cidade" para que, no dia seguinte, houvesse uma fila de Empreendedores se oferecendo para montar o restaurante, outra para se ocupar da lavanderia, e assim por diante. No Brasil, a mesma placa geraria uma fila de candidatos a um emprego no futuro hotel. Nós não tínhamos essa tradição em que o Espírito Empreendedor se fazia sentir de modo espontâneo sempre que surgia uma oportunidade por uma série de motivos, dentre eles o cultural.

Atualmente, os serviços de apoio ao Empreendedor em nosso país têm servido para estimulá-lo. O SEBRAE vem se destacando nessa área. Isso explica, em boa medida, essa mudança de mentalidade. Os bancos, por sua vez, se estruturaram para impulsionar as empresas, ou melhor, para estimular novos negócios, dando-lhes substancial apoio. Essa nova articulação também é abordada nesta obra. O governo, entretanto, poderia contribuir bem mais.

O Brasil chegou ao decantado amanhã. O país do futuro virou o país do hoje. As oportunidades que se abrem são inúmeras. O Brasil de nossos dias tem espaço tanto para Empreendedores dentro de nossas fronteiras como para aqueles que já deram um passo maior, ultrapassando as fases críticas de consolidação de suas empresas e, já em velocidade de cruzeiro, começam a se expandir fora do país.

Na América do Sul, levando em conta em especial o Mercosul, existe solo extremamente fértil para o plantio dessas novas empresas, apoiadas pela presença das grandes organizações brasileiras já presentes no exterior.

A primeira década do terceiro milênio nos fornece boas explicações nessa direção. Em 2009, o Brasil, com 316 mil novas empresas, ficou em terceiro lugar no mundo, logo após o Reino Unido (330 mil) e os EUA (553 mil). O percentual delas que ultrapassa dois anos de vida passou de 50% para 70% na década. Temos também o segundo maior percentual de Empreendores iniciantes do planeta: 15%, ficando atrás apenas da China, com 24%. A escolaridade destes também aumentou muito entre 2002 e 2010, passando de 12% para 25% os que têm mais de 11 anos de estudo. Uma mudança qualitativa foi a participação dos Empreendores por oportunidade, que saltou de 45% para 69% do total entre 2002 e 2011.

São muito úteis as ferramentas e a sequência de características e comportamentos empreendedores apresentados neste livro prático e objetivo. O otimismo necessário para quem queira se lançar nessa empreitada e os valores "pé no chão" a ele associado, fundamentais para o sucesso, estão aqui expostos em forma de um manual que vai direto ao ponto. Em caso de dúvida, é só abrir e ler.

Posso afirmar que temos aqui um ótimo resumo do que encontramos no dia a dia de nossas vidas como empresários, recheado de realidade.

As recomendações feitas aqui são preciosas para quem quiser ter sucesso e estimulantes aos que se dispuserem a aceitar o desafio de serem futuros Empreendedores. Servem também para corrigir o rumo no caso daqueles que já o são e sentem falta de uma bússola que torne sua trajetória de vida empresarial menos tumultuada e mais segura.

Carlos Jerônimo da Silva Gueiros
Presidente do Conselho Superior da Fundação de
Rotarianos de São Paulo

Prefácio

Estou envolvido com a temática do Espírito Empreendedor (sempre assim, com E maiúsculo) há mais de dez anos. Fui editor e autor de uma publicação eletrônica semanal conhecida como SMART30 – O Boletim do Empreendedor. Ela foi enviada, durante anos, para cerca de 2500 leitores, que, com frequência, repassavam adiante, com entusiasmo, as edições recebidas a amigos e conhecidos. Uma pequena seleção dessas edições pode ser encontrada no meu site pessoal – www.smart30.com.br. Meu fascínio pela figura do Empreendedor resulta de seu entusiasmo por criar e realizar. A origem grega da palavra entusiasmo é reveladora: *en* (dentro) e *theos* (Deus), aquele que traz Deus dentro de si, ou aquele que é inspirado por Deus. De fato, a história pessoal dos grandes Empreendedores deixam claro seu entusiasmo e sua capacidade de criarem novos mundos a partir do nada ou quase nada, como foi o caso, no Brasil, das Baterias Moura. Nascida um tanto "perdida" na pequena cidade de Belo Jardim, no agreste pernambucano, a cerca de 200 km do Recife e a 2500 km do centro nervoso da indústria automobilística brasileira em São Paulo, tinha tudo para dar errado e é hoje "apenas" a maior fabricante de baterias do país.

Este livro – *Revele-se empreendedor – Os segredos de quem faz acontecer* – explora, de modo sistemático, as dez características que dão estrutura à personalidade do Empreendedor. Em cada uma delas, três comportamentos típicos do dia a dia do Empreendedor são ilustrados com textos explicativos, que combinam os conceitos envolvidos com situações concretas vivenciadas por ele. A título de exemplo, tomemos a qualidade e a eficiência. O primeiro destes textos vai deixar claro o compromisso visceral do Empreendedor em fazer melhor, mais rápido e a custo menor. Como se vê, inovação e produtividade são suas palavras de ordem. Ele também age para superar padrões de excelência estabelecidos, como nos mostra o segundo texto. O terceiro nos informa que ele sabe respeitar prazos e qualidade combinados com os clientes. Essa característica de qualidade e eficiência já explica parte significativa de seu sucesso como empresário que, contrariamente ao que se pensa, só acontece após tombos memoráveis, ou seja, três ou quatro falências em média, pelo menos até não muito tempo atrás. O famoso Walt Disney afirmou, certa vez, de uma maneira que nos soa um tanto irresponsável: "Eu, por exemplo, já fui à falência cinco vezes. Quer dizer, mais uma menos uma, não estou nem aí". Esse espírito imbatível obviamente fez com que a falência não tivesse vez com ele nem com todo aquele movido pela mesma determinação.

Esse tipo de cabeça que faz acontecer deixa claro que o Empreendedor é um amante das ideias com pernas e braços, além da cabeça. Ele possui extrema capacidade de colocá-las em prática. Já se definiu um radical como aquela pessoa com os dois pés firmemente plantados... no ar. Do Empreendedor, pode-se dizer que é um sonhador com os pés firmemente plantados no duro chão da realidade. Ele transforma seu sonho em realidade contra tudo e contra todos, pelo menos nos primeiros momentos em que resolve levar adiante seu sonho "maluco". A reação típica de amigos e familiares é na base do "Você está doido?". Trata-se de uma expressão com passagem obrigatória pelos ouvidos do Empreendedor em seus tempos heroicos. Mas ele vai em frente como se fosse um surdo seletivo. Não ouve aquilo que vai-lhe tirar o foco ou criar ruídos desnecessários em suas antenas.

A palavra Empreendedor tem origem no francês – *entrepreneur.* (Menos para George W. Bush, ex-presidente americano, que afirmou certa vez, num discurso feito em Paris, não saber como se dizia Empreendedor em francês, apesar de ser falante de uma língua, o inglês, que importou o termo *entrepreneur* diretamente do francês sem modificação alguma...). Adotemos a técnica do esquartejador de ir por partes, para desmembrar essa poderosa palavra em três componentes: *entre-pre-neur. Entre* significa entrar; *pre*, primeiro e *neur*, centro nervoso. Em outras palavras, ele é aquele que entra primeiro no centro nervoso de um negócio, criando-o a partir do zero ou reformulando-o radicalmente de modo a abrir um novo mercado até então não percebido pelos demais. Para resumir: enquanto uns choram, ele vende lenços.

Cabe ainda um esclarecimento quanto ao que é fundamental para o sucesso do Empreendedor. Curiosamente, como já demonstrado por pesquisa internacional, ter capital, crédito, escolaridade formal elevada, ser jovem ou maduro, pertencer ao sexo masculino ou feminino, nada disso é precondição de sucesso. Diante de seu espanto, leitor, você deve estar se perguntando: o que, então, de fato, conta para ele chegar lá? A resposta é muito simples: comportamento proativo e uma imensa capacidade de aprender na escola da vida, ou seja, muita escolaridade informal. A escolaridade formal é importante, mas não desenvolve necessariamente nas pessoas essa capacidade de aprender por elas mesmas, a tirar partido das oportunidades que surgem pelos caminhos da vida. O professor muitas vezes exerce junto ao aluno o papel de muleta permanente. A reação do acadêmico e do Empreendedor, em especial no Brasil, diante de algo que desconhecem é mais que ilustrativa em termos dos resultados práticos e da velocidade de um e de outro para atingir sua meta. O acadêmico vai-se sentar e estudar cuidadosamente o assunto, ao passo que o Empreendedor vai-se levantar da cadeira e contratar alguém para lhe dar a resposta de que necessita. Na verdade, todos temos cabeça, braços e pernas. Articulá-los na medida certa é que faz a diferença.

Meu objetivo ao escrever este livro foi despertar seu lado Empreendedor que, contrariamente ao que diz a sabedoria convencional sobre o tino comercial nato, pode ser desenvolvido tanto para a sua satisfação pessoal e, por que não dizer, como para o bem do país. Eu mesmo me considero uma pessoa que passou por essa dolorosa mas gratificante transformação pessoal de ir além do acadêmico, que estudou economia regional durante quatro anos na Universidade da Pensilvânia, para dominar este novo mundo em que o Espírito Empreendedor está no comando. No meu caso, combinar essas duas experiências de vida foi tremendamente enriquecedor em termos pessoais. De toda forma, além de sua formação acadêmica, ou mesmo na ausência dela, desenvolver sua capacidade de se mexer vai comprovar na prática como ela é fundamental para fazer as coisas acontecerem. Eu acredito nisto!

SUMÁRIO

INICIATIVA 23

O empreendedor sai na frente 23
Sabe perguntar e se mexer 26
Tem faro apurado para oportunidades únicas 28

PREMISSA DE RISCOS CALCULADOS 33

Encarando alternativas e riscos 33
Riscos e resultados sob controle 36
Sempre em busca de desafios 39

QUALIDADE E EFICIÊNCIA 43

Melhor, mais rápido e a custo menor 43
Indo além dos padrões de excelência 46
No prazo e com a qualidade combinada 49

PERSISTÊNCIA 53

Obstáculo (quase) intransponível 53
Agir repetidamente ou mudar de estratégia 56
Responsabilidade pessoal nas metas 59

Comprometimento 63
Sacrifício pessoal sem medir esforços 63
Colaborar e até assumir o lugar dos empregados .. 66
Satisfazendo o cliente hoje e sempre 68

Busca de informações 73
Informação boa é com clientes, fornecedores e concorrentes 73
Produtos e serviços investigados pessoalmente 76
Com ouvidos para os assessores técnicos e comerciais 79

Capacidade de cumprir metas 83
Objetivos desafiantes com significado pessoal 83
Sempre com metas de longo prazo, claras e específicas 86
Objetivos mensuráveis no dia a dia 89

Rotina de planejamento e monitoramento 93
Construindo o sonho com prazos definidos 93
Revisando planos em função de resultados e circunstâncias 96
Usando registros financeiros na tomada de decisões 99

Independência e autoconfiança 103
Da autonomia interior para a exterior 103
Firmeza diante de resultados iniciais desanimadores 106
Confiança em si mesmo para enfrentar desafios ... 109

Persuasão e contatos 113

Buscando influenciar e persuadir 113
Lançando mão das pessoas-chave 116
Agindo para desenvolver e manter relações comerciais 118

Palavras finais 121

Referências comentadas 127

INICIATIVA

O empreendedor sai na frente

HÁ FRASES E PENSAMENTOS que nos causam profundo impacto. No meu caso pessoal, foi a seguinte: "Deus não diz sim para o que as pessoas pedem, mas para aquilo em que elas acreditam". A frase é do livro do Roberto Shinyashiki, *O sucesso é ser feliz*, que recebi de presente do próprio autor, e me deixou em estado de graça. Quando você acredita no que você deseja atingir, sua motivação o leva a preparar-se antes e a ser o senhor das circunstâncias ao invés de seu joguete.

Eu tenho por hábito me perguntar qual a relação de uma frase, de uma experiência vivida, ou de qualquer coisa que me acontece, com o Espírito Empreendedor. A primeira coisa que sempre me vem à mente é que o Empreendedor sabe conjugar como ninguém os verbos agir, fazer e tomar (a iniciativa). Sabe sair na frente. Correr atrás é para quem já chegou tarde. A segunda coisa que me passou pela cabeça foi que agir e fazer são sinônimos de acreditar. Conto aqui com a devida compreensão dos nossos Aurélio e Houaiss, que confirmariam a ousadia se levassem em conta o espírito do que certos verbos querem dizer. No fundo, é muito simples: quem age, quem faz antes alguma coisa está dando um depoimento prático de que acredita no que pretende realizar. Caso contrário, estaria conjugando verbos irresponsáveis como ignorar ou deixar rolar.

Neste exato momento, faça uma pausa e consulte no sumário os títulos dos trinta textos que ilustram as dez características (e práticas comportamentais) do Empreendedor. Você vai constatar que o verbo pedir não aparece escrito em nenhum momento nesses mandamentos seguidos à risca pelo Empreendedor. Pedir alguma coisa a alguém é deixar que a consecução de seu objetivo dependa da boa vontade de terceiros. Essa postura não faz o gênero Empreendedor. O Empreendedor ousa traçar seu próprio "destino".

Quem acredita em destino tende a desistir rápido. É difícil imaginar que continue acreditando em si mesmo após a quinta ou a sexta falência. Rapidamente, cede às forças indomáveis do "destino" de... acomodado.

Essa concepção de que Deus lhe concede aquilo em que acredita está em linha direta com a prevalência do livre-arbítrio. Muitos pensam que o fato de Deus conhecer o futuro é uma prova irrefutável de que o destino existe. Entre saber o que vai acontecer e querer que assim seja há uma imensa distância. Ao nos dar o livre-arbítrio, Deus nos respeita. A decisão, a escolha, é nossa, não d'Ele. Ele nos dá até a liberdade de não acreditar n'Ele. E quem não acredita jamais vai ter aquilo em que não acredita... Ainda está em tempo, mude suas crenças (aquilo em que você realmente acredita) e mantenha sob seu controle as rédeas do seu "destino". Pergunta: você sabe em que acredita? É muito fácil: verifique a rotina do seu dia a dia. Ela é a prova cabal daquilo em que acredita. Basta saber se dedica tempo ou coloca a mão no bolso para concretizar o seu sonho. Se não fizer nem uma coisa nem outra, você não acredita no seu sonho. Gostou? Ótimo, vá em frente. Não gostou? Reformule-se, mude o que você sabe que tem de ser mudado. Alterar o curso de suas crenças a partir de um novo modo de fazer as coisas (antes) vai acabar dando certo. Creia nisso.

Eu sei, por experiência própria, como é difícil mudar certos hábitos. Eles se parecem com o Kimura, aquele lutador japonês de sumô que pesa 150 kg e mede 2x2 m. Nossa luta, na verdade, é contra essa parede cujo defensor é o Kimuro, irmão gêmeo do Kimura. Cabe a nós contornar o obstáculo ou passar por cima dele. Ao preparar-se para o combate, ponha na cabeça, antes de mais nada, que isso é possível. Acredite no seu taco. Utilize-o para abrir caminho ou para saltar, mas faça uso dele. O nome de guerra desse taco é iniciativa, um ingrediente indispensável na trilha daqueles que são capazes de antecipar os fatos e agir antes.

Para ser franco, você pode até acreditar em destino, desde que seja o autor do *script*. Se acredita que aquilo que realmente deseja para sua vida é o seu destino, então eu dou a mão à palmatória. E tenho que admitir que destino existe... Mas caso peça a outra pessoa para escrever o roteiro, então vai ficar no prejuízo. Mas certamente não é isso que quer para sua vida, não é mesmo? Que tal ser o autor dela?

Sabe perguntar e se mexer

EU ME LEMBRO, até hoje, de um colega que colou um cartaz com a palavra SEXO escrita em letras garrafais na parede da subida da escada que dava acesso às salas de aula da Faculdade de Economia e Administração da UFRJ – Universidade Federal do Rio de Janeiro, a antiga Universidade do Brasil. Aquelas quatro letras ocupavam 80% do cartaz que devia medir um metro de altura por sessenta centímetros de largura. No rodapé, em letras pequenas, vinha o recado: "Agora que consegui atrair sua atenção, informo que dou aulas particulares de matemática". E dava os telefones para contato. Não é preciso dizer que conseguiu ter 100% da audiência. E também da vidiência e da lidiência. (Perdão pelos neologismos, não resisti.)

Essa historieta é o exemplo vivo do "Só pensa naquilo!". As explicações para estarmos todos tão antenados "naquilo" podem ser encontradas na biologia, em Freud e em outras áreas do conhecimento. Ao buscar o prazer, os seres humanos atendem à necessidade imperiosa de passar adiante seus genes para se perpetuarem como espécie. E não há como conseguir isso sem se mexer para fazer "aquilo". (Eu sei que existe inseminação artificial, mas não é a mesma coisa...)

Outras características da natureza humana já não estão presentes de forma tão intensa. Outras, muito positivas, envelhecem com o passar do tempo. Um exemplo gritante: a média diária de perguntas curiosas feitas por uma criança é de 125, ao passo que um adulto se limita a apenas meia dúzia. Jean Piaget, o famoso educador suíço, já tinha observado isso: a incrível capacidade de fazer perguntas de uma criança. A Regra de Ouro que essas informações nos permitem formular é a seguinte: para aproveitar oportunidades, é preciso cultivar a capacidade de fazer perguntas desafiadoras a si próprio e aos seus interlocutores, próximos ou distantes. Podemos ilustrar o que estou dizendo com aquele exemplo anterior: onde muitos só veem lágrimas, alguns poucos aproveitam para vender lenços. A pergunta tradicional seria do tipo: por que não me irmanar ao choro geral? A pergunta desafiadora seria: por que não me mexer, ser solícito e ajudar a secar as lágrimas vendendo lenços? Se resolvesse fazer um levantamento estatístico da quantidade de perguntas que você faz (se faz!) habitualmente, estaria satisfeito com seu lado criança?

Mas a oportunidade também mora dentro de cada um de nós. Uma das maneiras mais eficazes de pôr a casa em ordem numa empresa que precisa de uma arrumação geral é mexer-se e sair perguntando aos funcionários quais são os problemas. Essa recomendação do mestre Drucker era a principal ferramenta utilizada por ele para saber o que precisava ser feito numa empresa a que estava prestando consultoria. Segundo ele, basta ter coragem interior para tomar essa iniciativa e certa dose de humildade para ouvi-los cuidadosamente, sem preconceitos. Feito isso, o rumo a ser tomado ficava claro. E os resultados não demoravam muito a surgir quando havia ação consequente.

Para atingir as chamadas metas SMART (esperto, em inglês), aquelas que são eSpecíficas (e eScritas), Mensuráveis, Alcançáveis, Relevantes em termos pessoais e Temporais, ou seja, com data certa para acontecer, é fundamental ir além de vagos desejos. Para tanto, basta apelar para o jogo comportamental da dupla personalidade. Imagine que incorporou o espírito crítico de um outro executivo contratado para implementar as mudanças que sabe serem necessárias, mas que nunca acontecem. Neste momento, procure se ver de fora para dentro. Seja um crítico duro de você mesmo e de sua equipe. Porém – cuidado! –, mexa-se, mas não se exalte. Aprenda a se cobrar regularmente e faça o mesmo em relação à sua equipe de trabalho. Um consultor amigo meu afirma que o caminho das pedras é simples: nunca permita que uma segunda-feira comece sem uma avaliação do que foi feito na semana anterior e do que está programado para a semana que se inicia. Mas faça-o POR ESCRITO. Caso seus colaboradores cheguem para a reunião sem trazer um resumo escrito (vale listagem dos tópicos) do que foi feito e do que deverá ser feito, retire-se da reunião, com toda calma, por 15 minutos. Diga-lhes que terão esse tempo para pôr no papel suas realizações da semana anterior e projetos para a próxima. Depois volte para se surpreender com os resultados e com as oportunidades que passavam em brancas nuvens. Basta "agitar antes de usar". Parece anúncio de remédio, mas não é. O segredo é mexer consigo mesmo e com os outros.

Tem faro apurado para oportunidades únicas

Ainda hoje, retenho na memória uma cena de um filme americano. A cor era de um amarelo-ouro intenso, que mais parecia um quadro de Van Gogh. Dois negros caminhavam por uma estradinha de terra batida. Mais ao fundo, uma pequena igreja. Um deles conta para o outro como entrou e saiu rápido naquele espaço supostamente sagrado. Um belo dia ele estava passando em frente à igreja, que lhe pareceu vazia, tamanho era o silêncio que a cercava. A curiosidade falou mais alto e resolveu entrar. Assim que entrou, olhares furiosos da comunidade branca local se dirigiram a ele. Foi o bastante para entrar num pé e sair no outro. Escorou-se esbaforido na parede externa da igreja para tomar fôlego. Nesse momento, segundo ele, ouviu a voz de Deus: "Não se preocupe com isso não, meu filho. Eu também estou tentando entrar aí há anos e não consigo!".

Uma oportunidade divina desperdiçada, diria um Empreendedor antenado para as boas coisas que nos batem à porta. Dessas que insistem em se fazer presentes a toda hora e nós não conseguimos perceber. Com frequência, nos apegamos ao passado, em vez de tirar proveito do futuro. Um bom exemplo são os novos mercados que estão se abrindo com o ciberespaço, que liberta muito os homens de negócio das restrições do espaço e do tempo. Nada melhor do que nos concentrar naquilo que fazemos melhor. Utilize o ciberespaço para se fazer conhecer e para conhecer as necessidades e os desejos de seus clientes. É barato, é rápido. Passe informação de boa qualidade, não apenas aquelas referentes aos seus produtos e serviços. Se você vende roupas femininas ou utilidades para o lar ou qualquer outro produto, publique, por exemplo, um informativo mensal pela internet dando dicas que as pessoas gostariam de saber. Monte seu cadastro de endereços eletrônicos solicitando antes a autorização de seus próprios clientes. Invente um "gancho" para manter seus clientes interessados em receber seu informativo mensal. A programação mensal de eventos do shopping onde fica localizada sua loja, por exemplo. Fale a respeito de pontos turísticos imperdíveis nos locais de destino da clientela de sua agência de turismo e não apenas em preços. Lançar mão das redes sociais, de ferramentas como o *facebook* e o *twitter*, que são hoje recursos valiosos em sua comunicação com seu público.

Ser Empreendedor requer desenvolver a capacidade de superar obstáculos reais e imaginários na mente dos clientes. Estes últimos têm um peso tão grande ou maior que os reais. Ao escrever este capítulo, eu me dei conta de que as palavras *preconceito* e *prejuízo* são praticamente sinônimas em suas raízes latinas. *Praejudicium*, do latim, significa julgamento prévio e apressado. Preconceito nada mais é do que isto: vemos somente aquilo que queremos ver. Esse processo pode chegar ao ponto de negarmos as evidências que contrariam nossas expectativas preconceituosas. Nesse momento, nós dizemos adeus às boas oportunidades que passam diante de nossos narizes simplesmente por não fazer a leitura correta das informações recebidas.

Uma pequena história pode ilustrar bastante bem essa situação. Há muitos anos, li um artigo de um jornalista americano que resolveu passar um dia com camponeses alemães e espanhóis. Dirigiu-se primeiro à Alemanha. No dia seguinte, os camponeses acordaram muito cedo e se dirigiram ao campo para a labuta diária. Nada lhes distraía a atenção. Breves paradas para almoço e lanches, com volta imediata ao trabalho. No fim do dia, ao voltar para casa, o líder dos camponeses alemães fez-lhe um breve comentário: "É preciso aproveitar bem a vida". Repetiu a mesma rotina na Espanha. Lá, os camponeses já não acordaram tão cedo. Trabalharam duro, mas os intervalos para descanso eram maiores. Havia a sesta. A passagem de uma mulher bonita era motivo de um gracejo bem-humorado. Ao voltar para casa, o líder dos camponeses espanhóis disse-lhe exatamente o seguinte: "É preciso aproveitar bem a vida". Dá para notar que aproveitar bem a vida significa coisas diferentes para camponeses alemães e para camponeses espanhóis.

Imagine, agora, que esteja diante de uma oportunidade de mercado com as características dos camponeses alemães. Que tipo de produtos ou serviços deveria colocar à venda? Suponha, agora, que o perfil de seus clientes seja o dos camponeses espanhóis. Ofereça-lhes produtos e serviços que satisfaçam seus desejos e suas necessidades. Prejulgamentos do tipo "alemão trabalha duro e espanhol é *bon-vivant* e portanto só vou fazer negócio com alemães" não levam a nada. Ou melhor, levam sim: a prejuízos e à perda de oportunidades únicas. Portanto, conheça seu público.

PREMISSA DE RISCOS CALCULADOS

Encarando alternativas e riscos

"ESTOU CORRENDO ATRÁS!" Todos nós já ouvimos ou já utilizamos essa expressão tão comum em nosso dia a dia. Ela tenta passar nosso empenho em ganhar o pão de cada dia. E, ao mesmo tempo, reflete certa angústia de quem não estava no ponto na hora em que o ônibus parou para pegar passageiros. Para o Empreendedor, com E maiúsculo, para lembrar de excelente, de excepcional e de erros a partir dos quais se aprende, isso tem a ver com falta de planejamento. Ou de administrar melhor a própria cabeça. A primeira coisa que nos vem à mente na hora de levantar, em especial no inverno, é como está gostoso aquele quentinho da cama e a vontade de ficar dormindo um pouquinho mais. O truque a ser usado naquele exato momento é enviar para seu cérebro uma mensagem diferente: "Como vou ficar satisfeito em conseguir fazer o que quero a tempo e hora no final do meu dia se eu me levantar AGORA!". E passar um filminho em sua mente antevendo todas as coisas boas que planejou para aquele dia, inclusive aquele problema difícil que você tem hora marcada para resolver hoje. Diante dessa alternativa, vai ser difícil continuar na cama.

Imagine-se como aqueles portugueses destemidos que se lançavam aos mares no século XV correndo riscos não tão bem calculados. Era com essa cabeça no caminho alternativo para chegar às especiarias do Oriente que os portugueses tocavam sua epopeia ao longo do ciclo das grandes descobertas ultramarinas. O grande Fernando Pessoa, poeta português, nunca escondeu seu orgulho pelo Espírito Desbravador e Empreendedor que tomou conta de seu país naquela época. Guardadas as distâncias no tempo, foi uma epopeia comparável à conquista da lua no século XX.

Eu nunca me esqueço de uma das maiores alegrias que tive em minha vida de estudante. E tudo aconteceu por conseguir ir além, por estar preparado para assumir riscos. A história é real e pessoal. Eu tinha, no início da década de 1960, um excelente professor de História no Instituto Carlos A. Werneck, em Petrópolis, chamado Stumpf. Ele fazia, uma vez por mês, uma sabatina oral com a turma valendo nota: um ponto a mais na média mensal se o aluno acertasse a pergunta formulada. Ele começava fazendo uma pergunta a quem estivesse sentado na primeira carteira. Se acertasse, ganhava um ponto. Se não conseguisse responder, a mesma pergunta era passada ao colega seguinte até que alguém acertasse. Numa dessas sabatinas, ele fez uma pergunta ao colega que vinha antes de mim, que a respondeu corretamente. Antes que ele me fizesse uma nova pergunta, eu estava tão afiado na matéria, que pressenti qual seria e respondi, com ansiedade, antes mesmo que ele a formulasse. Risco calculado certo. Ele aceitou a resposta como correta e me deu o ponto. Claro que o colégio inteiro ficou sabendo do ocorrido. E eu me sentindo no pódio, com direito a Hino Nacional e tudo o mais.

Na verdade, todos nós já vivemos situações na vida em que estávamos realmente preparados para o que desse e viesse. Por alguma razão, não nos mantemos sempre alertas e entusiasmados diante das alternativas. Ser bem- sucedido na vida tem muito a ver com desenvolver a capacidade de se empolgar com a conjugação do verbo realizar no tempo presente. Para alimentar a fornalha do entusiasmo, conte a si mesmo histórias e situações que já vivenciou na pele. Em especial, aquelas que lhe pareciam impossíveis de ser resolvidas e que conseguiu superar. Exemplos edificantes de terceiros também valem. Normalmente, abrimos muito mais espaço para os sentimentos imobilizantes em nossa mente do que para aqueles que nos fazem avançar. As razões são de ordem cultural, pessoal e até prática. Como não temos a tradição de pensamento positivo (às vezes quase irritante) dos americanos, cabe a nós praticar em dobro para chegar lá. O lado prático e real da vida deveria nos relembrar sempre que o sucesso é o último elo de uma sequência de fracassos. Edison só conseguiu inventar a lâmpada elétrica depois de mais de 1200 tentativas fracassadas. Dale Carnegie recomendava aceitar riscos e agir como se não tivesse medo. De tanto se colocar diante de alternativas que exigem coragem para enfrentá-las, você acaba se tornando corajoso. Dá para perceber que não é apenas o poeta que é, segundo Fernando Pessoa, um fingidor. O "corajoso" está também autorizado a fazer o mesmo por um tempo. Mesmo com medo, a alternativa de não assumir riscos calculados é ficar sem alternativas. E essa não pode ser a sua praia.

Riscos e resultados sob controle

Já parou para pensar nos imensos riscos que o homem primitivo corria para garantir sua sobrevivência como espécie quando iniciou sua peregrinação sobre o planeta Terra? Imagine só a cena. Cai a noite e um pequeno grupo descobre uma caverna e a segurança que proporcionaria para pernoitar. Os integrantes do grupo descobrem que ali é bem mais cômodo do que passar a noite dependurados numa árvore para estarem a salvo do ataque de algum animal selvagem em busca de refeição. O fogo ainda não havia sido dominado. Alguém, muito provavelmente, era designado para montar guarda na boca da caverna para avisar aos que estavam dormindo, ou descansando, da aproximação de algum perigo iminente. Depois, com o fogo sob controle, era mais fácil: bastava acender uma pequena fogueira na entrada da caverna para afastar as visitas indesejadas. Mas o fogo podia, de repente, se apagar e a entrada da caverna ficava livre de obstáculos para os predadores que rondavam a área em busca de uma presa descuidada. O homem avançou tecnologicamente, construiu casas reforçadas, fortalezas etc. Mas uma tromba d'água, tão comum nos dias de hoje, pode pôr tudo a perder novamente.

É como se a história do homem sobre a Terra fosse (ainda bem!) uma interminável luta para superar desafios cada vez maiores. Mal um problema é resolvido, outro maior se anuncia. E assim vamos nós, de problema em problema, sem nunca resolvê-los todos. Alguns a desafiar nossa criatividade e persistência, como a cura de todos os tipos de câncer. Por outro lado, ninguém iria duvidar do alto grau de controle antecipado dos resultados que se tem hoje sobre muitas doenças em diversas áreas.

Existem basicamente duas atitudes diante dessa situação: lamentar-se pelo vale de lágrimas da condição humana ou enfrentar os desafios com boa dose de humor, esperança e determinação. Você já sabe que pode se transformar num insaciável consumidor lacrimejante ou num próspero vendedor de lenços. A escolha é sua. Eu nunca me esqueço, quando mais novo, de minha atitude ao aguardar que o semáforo (sinal, para os cariocas) passasse do vermelho para o verde nas ruas do Rio de Janeiro. Eu confesso que ficava um pouco tenso. Qualquer distração e ele abria sem que eu percebesse, e lá vinha aquela buzinada por trás que mais parecia um despertador estridente. Com o passar do tempo, eu percebi que há uma diferença entre estar alerta e estar tenso. Neste último caso, seu companheiro constante é o estresse; no outro, sua agradável companhia é a curiosidade. Eu hoje sou capaz de aguardar a mudança das cores num semáforo com o espírito de quem vai ver uma nova paisagem. Esse estado de alerta mental me permite reagir à mudança de sinal antes dos demais e sem ter que ouvir buzinadas irritantes me "acordando".

Em relação ao tempo das cavernas, temos uma sensação de alívio quando pensamos em nossos lares hoje, que, por um lado, nos protegem muito bem de animais selvagens enquanto dormimos, mas que, por outro lado, não nos protegem dos amigos do alheio, ou de um deslizamento de terra em áreas de relevo mais acidentado. Empreendedores preferem lidar com situações em que podem controlar os resultados. Assumem riscos cujas chances de dar certo estão a seu favor. Mas existem situações em que nossa margem de controle é diminuta. Nesses casos, temos que administrar nossa cabeça, com muita criatividade, para superar os obstáculos inesperados. Um bom exercício é planejar um curso de ação e imaginar rotas alternativas de escape para enfrentar o inesperado. Você não vai esgotar todas as possibilidades, mas vai estar bem mais preparado para enfrentar as surpresas da vida.

Infelizmente, nem todos tivemos a sorte de J. K. Galbraith, economista nascido no Canadá e naturalizado americano, que trabalhou dos 18 aos 21 anos numa pequena fazenda de familiares. Segundo ele, tudo o que fez na vida dali em diante nunca lhe pareceu realmente trabalho. Dureza era a fazenda. Mas todos nós podemos lançar mão da atitude sábia de Duke Ellington, quando perguntado o que fazia com os insultos das plateias brancas racistas no início de sua carreira: "Eu pego a energia que usaria para brigar e me sento para escrever alguns *blues* inesquecíveis". Resumindo: não existe paraíso enquanto estivermos aqui na terra. O importante é estar sempre alerta. E manter sob controle tudo o que estiver ao seu alcance. É dessa forma que os resultados virão.

Sempre em busca de desafios

TODOS SABEMOS DA IMPORTÂNCIA DE ABRIR A BANDA CERTA de nossa janela para o mundo. Muitos de nós nos surpreendemos abrindo a banda errada ou abrindo pouco a correta. Imaginemos uma janela especial de quatro bandas, como se fosse o mostrador de um relógio quadrado. No quadrante das 9 às 12 horas, a chamada zona escondida, está tudo aquilo que os outros conhecem a respeito de nós, mas que nós mesmos ignoramos. Podem ser comportamentos positivos ou negativos, mas que afetarão o modo como as pessoas agem em relação a nós. Indo no sentido dos ponteiros do relógio, nos mudamos para o quadrante das 12 às 15 horas, a zona oculta, ou seja, aquela que não é conhecida por mim e nem pelos outros a meu respeito. São aspectos de nossa personalidade que nunca expusemos ou que estão enterradas lá no fundo de nosso subconsciente. No quadrante de 15 às 18 horas, a zona privada, estão as coisas que sei a meu respeito, mas que os outros não sabem. Aquelas que mantemos escondidas das outras pessoas. Finalmente, no último quadrante, de 18 às 21 horas, temos a zona denominada pública, ou seja, aquela que nós expomos aos demais, vale dizer, que é conhecida por mim e pelos outros a meu respeito. Podem ser vistos como pontos fortes ou pontos fracos. Esse enquadramento nos permite entender os benefícios e os custos de abrir a banda errada em detrimento de outras, como a pública, que gera confiança mútua.

É por isso que se pode afirmar que a chamada janela de Johari, explicada acima, se encaixa muito bem no conceito de custo de oportunidade, talvez o mais fundamental que exista em economia por sua abrangência, justamente por extrapolar as fronteiras desse campo do conhecimento. O custo de oportunidade de uma ação é o valor da ação alternativa preterida. Mais diretamente: é o que você deixa de ganhar por fazer o que faz ao invés de buscar uma alternativa mais rentável. Os exemplos são inúmeros e se aplicam às mais diversas situações, desde relacionamento familiar até a melhor forma de ganhar dinheiro.

Os resultados obtidos ao abrirmos a banda certa da janela de Johari – zona pública ou livre – são diretamente proporcionais ao nosso grau de exposição e ao volume de *feedback* recebido. (Quadrante das 18 às 21 horas.) Nossa tendência natural é nos expor o mínimo e tentar conseguir o máximo possível de *feedback*. (Quadrante de 15 às 18 horas.) Receber sem dar. Essa postura é a própria negação da troca, que está na essência do Espírito Empreendedor. A irreverência carioca identificou essa atitude como a do malandro-bigode: sempre nas bocas, mas sempre por fora. Enganar no peso ou na qualidade de um serviço prestado são atitudes que matam o crescimento de um negócio. Pesquisas estatísticas comprovam que clientes lesados ou mal atendidos relatam o fato a quatro ou cinco pessoas diferentes. Já os que foram bem atendidos tendem a comentar o episódio com apenas uma ou duas pessoas no máximo. Seguir por esse caminho insano é adotar a fórmula certa para dar errado.

A atitude do "moita" de não se expor e de não receber *feedback* desemboca no reino da ampla ignorância. (Quadrante de 12 às 15 horas.) Você não se conhece e os outros também não. A zona oculta assume proporções descabidas.

É simplesmente impossível fazer negócios nessa atmosfera de desconhecimento mútuo. Outro curso de ação é enveredar pela trilha da ampla exposição com pouco *feedback*. (Quadrante de 9 às 12 horas.) A zona escondida passa a dominar. Os outros sabem muito a seu respeito e você desconhece isso. Como receita de ingenuidade no mundo dos negócios é perfeita.

Compare o custo de oportunidade dessas três atitudes anteriores, ou bandas da janela, com aquela que maximiza a chamada zona livre ou pública. Nela, muito conhecemos dos outros e os outros também sabem muito a nosso respeito. Há troca, há interação. Ouvimos críticas, elogios, passamos sentimentos verdadeiros. Nesse processo, construímos perfis paralelos – e não antagônicos – de características empreendedoras. Para nos situar no mundo dos negócios, é fundamental que a percepção que os outros têm de nós seja semelhante àquela que temos de nós mesmos. Os negócios duradouros trafegam pela via de muita confiança mútua.

Os sistemas que interagem com seu meio ambiente conseguem burlar a segunda lei da termodinâmica. Aquela que diz que o grau de desordem tende a aumentar nos sistemas até seu eventual desaparecimento. Felizmente, ela só se aplica a sistemas fechados, ou seja, em que não há troca com o meio ambiente externo. Nunca se esqueça que pessoas físicas ou jurídicas são sistemas complexos, que necessitam de comunicação como o ar que respiramos. O velho guerreiro Chacrinha sintetizou tudo isso numa frase muito popular e verdadeira: “Quem não se comunica se trumbica”. Comunicar-se significa aceitar desafios. Vá fundo nessa direção.

Qualidade e eficiência

Melhor, mais rápido e a custo menor

Muitas são as situações na vida de um Empreendedor em que ele tem de tomar uma decisão envolvendo risco ou incerteza; vale dizer, custos, num sentido amplo. Distinguir uma coisa de outra é fundamental. Incerteza é uma situação em que se desconhece a probabilidade de um evento ocorrer. Por exemplo: um acontecimento imponderável que surge repentinamente como a derrubada das duas torres em Nova Iorque. Já risco tem a ver com a possibilidade de algum evento ocorrer, ou seja, avaliar as alternativas e as respectivas probabilidades de sucesso ou fracasso. Em princípio, esta é a praia do Empreendedor. Correr riscos calculados é com ele mesmo. Mas sentimos informar que não é só isso.

O lucro, numa visão mais tradicional em economia, é o prêmio a que faz jus o Empreendedor por organizar o processo produtivo em condições de transição, ou seja, sob condições de risco. A teoria econômica neoclássica afirma que o lucro tem um outro componente a ser levado em conta: o lucro puro. Ela o define como o prêmio recebido pelo Empreendedor por aceitar produzir sob condições de incerteza. Nessa medida, o lucro puro está relacionado ao grau de mudança do cenário econômico e à existência de Empreendedores desejosos e capazes de perceber oportunidades escondidas no ventre do futuro, sempre pleno de surpresas.

Essa capacidade é mais difícil, sem dúvida, de ser desenvolvida. Ela não implica abandonar o saudável hábito de correr riscos calculados. Exige, sim, maior ousadia na definição das metas. E ser muito mais meticuloso no levantamento das informações disponíveis, no planejamento de todo o processo e, sobretudo, de estar antenado em tirar proveito do inesperado. Esse permanente estado de alerta tem uma vantagem: a recompensa pode ser muito maior. Bill Gates, ao perceber o potencial fantástico de escrever programas de computador (o "*software*"), viu o que o Golias IBM nem suspeitou, por achar que o grande negócio era construir máquinas (o "*hardware*") de grande porte, de fato, muito mais lucrativas até então.

O caso de Steve Jobs quase dispensaria comentários. Mas vale relembrar uma citação dele de uma frase de Wayne Gretzky, que ele dizia adorar: "eu patino até onde o disco vai estar, não até onde esteve". E Jobs completava: "E sempre tentamos fazer o mesmo na Apple. Desde o comecinho. E sempre faremos".

E o que é que tudo isso pode nos ensinar? Muita coisa!

Antes de mais nada, nos permite entender o significado do lucro como algo que tem a ver com eficácia, ou seja, de fazer a coisa certa e não apenas de fazer certo (eficiência). Em inglês, *profit* quer dizer lucro, que deriva do termo latino *proficere*, que significa ser eficiente/eficaz. Em português, a palavra *lucro* deriva de logro, que tem a ver com a ideia de passar a perna em alguém. Em espanhol, não é muito diferente. A palavra para lucro é ganância, que passa a ideia de ser guloso além da conta.

Nos Estados Unidos, é comum se utilizar a expressão *to make an honest profit*, ou seja, obter um lucro honesto. Já deu para perceber que nossa tradição cultural nos faz pensar que quando o lucro entra pela porta da frente, a honestidade sai pela dos fundos? Mais um ponto a ser trabalhado em nossa cabeça. Não se trata de macaquear gringo, mas de não misturar estações, de não permitir que nossos pensamentos nos transmitam emoções negativas, que nos façam inconscientemente encarar o lucro como alguma coisa suja ou imoral. De mais a mais, imoral no Brasil, aí sim, são os impostos que pagamos, esse terrível efeito tartaruga a travar nosso desenvolvimento. O perigo real aqui é que esse "peso" na consciência possa nos levar, inconscientemente, a fugir da recompensa merecida, ou seja, do lucro. Essa não é a visão do projeto de vida do Empreendedor. Muito pelo contrário.

Clemente Nóbrega tem uma frase que resume muito bem tudo o que foi dito: "A empresa que sobrevive (em outras palavras: que produz lucros) é aquela em que a mudança permanente (isto é, a capacidade de lidar com a incerteza) está programada em seu código genético". Ao mesmo tempo, ela se mantém fiel à grande maioria de seus princípios fundadores, como nos informa Jim Collins, baseado em suas sólidas pesquisas. Esse tipo de empresa, construída para durar, pratica o conceito correto de lucro, ou seja, encontra novas maneiras de fazer as coisas melhor, mais rápido e a custo menor. E esse é um comportamento empresarial tipicamente Empreendedor, que merece ser justa e devidamente recompensado. E com a consciência tranquila de quem fez por merecer.

Indo além dos padrões de excelência

EM NOVEMBRO DE 2000, no IX Encontro Nacional da Indústria do Café (ENCAFÉ), realizado em Florianópolis-SC, tive a oportunidade de assistir à excelente palestra do Prof. Antonio Jesus Cosenza, do IBMEC, a respeito de "Segmentação no Mercado do Café". Ela foi programada em função de haver, entre torrefadores, a reclamação recorrente de que o mercado do café se pautaria apenas por preço. Só vende às pequenas e grandes redes varejistas (supermercados) o fornecedor que tiver preço (baixo). Nesse mercado, pelo menos até aquela data, qualidade não "se punha na mesa". Como reação a esse estado de coisas, foi lançado no encontro o PEM – Programa de Educação do Mercado para o Café. Ele segmentava o mercado do café em três níveis: Gourmet, Superior e Tradicional (existe ainda o grupo dos cafés não classificados). Mais qualidade para o consumidor, aumento do valor agregado em toda a cadeia produtiva e clara diferenciação desses aspectos para o consumidor e a revenda são os eixos definidores do PEM. O selo de pureza da ABIC – Associação Brasileira da Indústria do Café, lançado há alguns anos, já foi um primeiro passo importante na eliminação de inúmeras impurezas presentes nos cafés vendidos no Brasil. Busca-se, agora, educar o mercado (os consumidores) em outra direção: a que leva em conta mais qualidade e valor agregado maior, predispondo-o a pagar mais por produtos que tenham essas características.

Foi esse contexto de mercado que definiu a necessidade dessa palestra. Naquela oportunidade, constatei a importância da atuação efetiva do Espírito Empreendedor para que suas recomendações fossem implementadas segundo a prática de ir além dos padrões de excelência reconhecidos como tal. Ele começou falando da empresa em processo de transição. Enumerou o antes e o agora dessa empresa: fazia tudo internamente, agora compra fora; buscava melhorar por conta própria, agora faz *benchmarking* (adota referenciais externos de desempenho para cotejo); trabalhava sozinha, agora tira proveito de trabalhar em rede com outras empresas; apostava em departamentos funcionais, agora valoriza equipes; adotava foco doméstico, agora seu foco passou a ser global e local. Não é difícil perceber nessa nova postura empresarial a presença de comportamentos empreendedores, em especial o de exceder padrões de excelência até então seguidos. E ainda de detectar como a alma do Empreendedor está sempre em sintonia fina com o futuro, ou seja, com a inovação.

O ponto alto da palestra foi um gráfico projetado no telão que permitia entender claramente o porquê do inferno competitivo remoído por tantas empresas torrefadoras de café. No eixo vertical, crescendo de baixo para cima, a variável crítica era o grau de inovação (vantagens externas) e no horizontal, a produtividade (vantagens internas), que aumentava da esquerda para a direita. Em seguida, o gráfico foi dividido em quatro quadrantes. O quadrante sudoeste era o endereço do inferno competitivo, onde impera a baixa produtividade em conluio com a falta de (ou baixa) inovação. No outro extremo, no quadrante nordeste, está situado o paraíso competitivo, que reflete o caso das empresas que são capazes de combinar elevada produtividade com alto grau de inovação, tornando-se imbatíveis em seus mercados. Enquanto se mantiverem nesse quadrante, podem se dar ao luxo de atuar como monopolistas no sentido de estarem sempre satisfazendo ou excedendo a padrões únicos de excelência. Os outros dois quadrantes ilustram situações intermediárias. O quadrante noroeste é o nicho do alto grau de inovação com produtividade relativamente baixa. Os cafés do tipo *gourmet* (ou especiais) têm aí um porto seguro, ainda que não ideal. Finalmente, o quadrante sudeste é o do baixo custo, que combina elevada produtividade com grau de inovação relativamente baixo. A trajetória ideal para as empresas criativas seria moverem-se, no sentido horário, do quadrante sudoeste, passar pelo noroeste, em direção ao do nordeste, onde fica o paraíso competitivo.

Esse quadro referencial é extremamente rico para saber a quanto andamos em nossos negócios. O bombardeamento que sofremos no sentido de mudar, de abrir as portas para o novo, nos faz esquecer, com certa frequência, que produtividade também conta. É difícil, sem dúvida, ser, simultaneamente, muito criativo e estar no limite da produtividade, até porque é necessário algum tempo antes de pôr em prática os estudos e as pesquisas, que farão a produtividade explodir. Mas a praia do Empreendedor não é a do inferno competitivo. A luta pela excelência conduz, com certeza, ao paraíso competitivo. Empreendedor que se preza não faz por menos.

No prazo e com a qualidade combinada

Quando tomamos contato com a cultura grega, sempre nos surpreende o quanto já tinha avançado nos mais diversos ramos do saber há mais de dois mil anos. Mais ainda: o grau de sofisticação de certos conceitos como o de tempo. Eles se davam ao bom luxo de fazer a distinção entre tempo num sentido puramente cronológico (*chronos*) e tempo do ponto de vista da qualidade com que é utilizado (*kairós*). Não era o "*time is money*" (tempo é dinheiro) dos ingleses, que aproxima a noção de tempo ao de caixa registradora, mas já revelava claramente a consciência que tinham do bom ou mau uso do tempo. Pelo legado deixado, ficou claro que a concepção de tempo como *kairós* levou a melhor em sua agenda, para felicidade geral dos povos e também daqueles com perfil Empreendedor, que certamente, desde aquela época, sabiam que sem o bom uso do tempo – a qualidade com que era usado – os prazos não seriam cumpridos.

Muitas são as injustiças em relação à distribuição de bens e serviços entre os seres humanos, mas a cota de tempo recebida diariamente por cada um é exatamente a mesma: 24 horas. A diferença está nos resultados alcançados em função da qualidade e da produtividade com que utilizamos o tempo colocado à nossa disposição. Em matéria de produtividade no uso do tempo, faça um exercício em que você se "convida" a montar um projeto relacionado ao possível aproveitamento de uma oportunidade de negócio *literalmente* da noite para o dia, 24 horas, para ser preciso. Em condições normais de temperatura e pressão, esse projeto demandaria de sua parte um prazo de três a quatro semanas para fazer a mesmíssima coisa. Pergunta: por que tanto em tão pouco tempo e tão pouco em tanto tempo sob condições que rotulamos como normais? A resposta passa pela questão da presença, ou não, do senso de urgência conferido à tarefa com que nos defrontamos. Quando a necessidade bate à porta, descobrimos que podemos pisar fundo no acelerador, dobrando, triplicando e até quadruplicando nossa velocidade de resposta. Normalmente, não é isso que ocorre. Daí ser tão comum estourar prazos.

Atuar sempre no limite de nossa capacidade pode ser tremendamente estressante. Pior: contraproducente. Mas também é comum a sensação de que tendemos a nos acomodar a um padrão de desempenho inferior ao que teríamos condição de alcançar caso houvesse um uso mais produtivo e inteligente de nosso tempo. Mas como? Delegando, distribuindo e monitorando as tarefas que precisam ser realizadas. O nosso velho Drucker nos ensina que a delegação em si – encontrar a pessoa certa e dar a ela o serviço certo – é a única tarefa que você não pode delegar. Um triste exemplo é o do dono da padaria que não consegue expandir o seu negócio por estar sempre com o umbigo colado ao forno. Chacrinha, o guerreiro esperto, possivelmente resumiria tudo isso numa frase do tipo: "Quem não delega, se engambela. E perrrde tempo". Pergunta: como anda seu lado dono-de-padaria-com-umbigo-colado-ao-forno? Se ele estiver muito desenvolvido é sinal que sua concepção de tempo é do tipo *chronos* em detrimento da criativa acepção *kairós*. Se for este o caso, jogue fora o avental e saia em campo para descobrir um bairro de sua cidade onde falta uma padaria. Se você já se mexeu e fez o que precisava ser feito, meus parabéns.

As mentes empreendedoras estão sempre abertas e prontas a abrir espaços para profissionais competentes e criativos. Sabem que, numa economia de mercado, tempo também se compra. Claro que isso inclui algum tipo de moeda de troca, mas não exclusivamente dinheiro. Parcerias, associações e outras formas criativas de juntar esforços também estão na ordem do dia do tempo bem utilizado. Profissionalizar tanto quanto possível a condução de seus negócios indica uma visão *kairós* do tempo. Essa ideia deve incluir a montagem de uma boa rede de contatos com profissionais de alto nível, que podem atuar como consultores não necessariamente pagos. A simples oportunidade – que pode ser criada por você – de conviver com essas pessoas pode livrá-lo de erros primários fatais ao seu negócio. Tais atitudes valem ouro.

Assim como o homem prevenido vale por dois, a hora pré-planejada vale por duas ou mais. A sua sobrevivência e o seu sucesso dependem de vários fatores. Mas tempo bem-aproveitado significa que você é capaz de organizar e articular suas atividades. Isso também é qualidade. E da melhor espécie.

Persistência

Obstáculo (quase) intransponível

Ao invés de teorizar, vamos a um caso real ilustrativo. Todo mundo já se meteu em encrenca. Eu também. No início de dezembro de 1999, saí de Itaipava e desci a serra de Petrópolis para assinar um contrato importante com dois clientes no Rio de Janeiro. Estavam marcadas reuniões em separado com cada um deles. Ao chegar no primeiro cliente, estacionei o meu carro próximo à esquina de uma ruazinha que morria em T em frente ao edifício dele. Como seria uma visita rápida, não me importei muito com o fato de estacionar um terço do carro fora da área permitida. Quando voltei, 13 minutos depois, às 18h, o carro não estava mais lá. Naquele momento, não pensei em nada. Simplesmente agi. Acompanhe o drama.

A primeira coisa que fiz foi perguntar a algumas pessoas que se encontravam em frente ao edifício se tinham visto um veículo cor vinho estacionado ali na esquina. A resposta foi "reconfortante": "Acabaram de rebocar um minuto atrás". Segui em frente até a próxima esquina e perguntei ao guardador de carros qual era o local para onde levavam os carros rebocados. Informou-me que iam basicamente para dois pontos: Praça Onze ou para o trecho final da Rua Santa Luzia, ambos próximos ao centro da cidade.

Pensei por um segundo: "Táxi ou metrô? Qual seria mais rápido? Metrô, sem dúvida". Dito e feito: às 18h15, já estava percorrendo a rua onde estavam enfileirados os reboques. Lá, no final da fila, acabava de chegar um reboque com o meu carro. Apesar do meu pedido, o motorista me informou que era impossível liberá-lo, pois o registro da ocorrência já havia sido feito. Nesse momento, vem caminhando pela calçada um guarda da Polícia Militar (PM) em minha direção. Não pensei duas vezes. Expliquei-lhe o imenso transtorno que seria voltar para casa sem carro, já que o transporte de ônibus para Itaipava, que dista cerca de trinta minutos de Petrópolis, era precário. Consegui que pegasse com o motorista do reboque o registro de ocorrência e fosse comigo diretamente ao guichê, pelo lado de dentro, onde forneciam o protocolo para pagar a multa e o estacionamento. Ele indicou-me também que documentos deveriam ser fotocopiados. Pensei que tivesse que pagar em banco e às 18h30 já estariam fechados, tendo que voltar no dia seguinte para pegar o carro. Disse-me que não. Eu poderia pagar na Tesouraria do DETRAN – Departamento de Trânsito, no vigésimo andar, do prédio de número 873 da Avenida Presidente Vargas, ali perto, que fechava às 19h.

Voei para um táxi e cheguei no guichê da Tesouraria às 18h45. Fui informado que só aceitavam pagamento em dinheiro e eu não dispunha da quantia de R$ 65,00. O atendente disse que havia um caixa automático nas proximidades. "Mas aqui não fecha às 19h? Não vai dar tempo!", exclamei, vendo ir tudo por água abaixo. Mas, felizmente, o guarda da PM estava errado, o atendimento ia até as 19h30. Respirei fundo e desci pelo elevador para pegar o dinheiro. Ao retornar ao vigésimo andar para pagar, encontro uma companheira de infortúnio que também estava ali pagando e querendo saber onde conseguiria fotocopiar os documentos solicitados. Eu lhe disse que sabia onde havia uma máquina copiadora. Pagamos e descemos para tirar a fotocópia com uma senhora a quem eu pedira antes que nos aguardasse com a loja aberta. Sintomaticamente, só estava funcionando a máquina colorida, bem mais cara e lenta. Contamos os minutos, pagamos e pegamos o táxi de volta à Praça Onze, onde estavam nossos carros, e que fecharia às 20h, e já eram 19h35. Na volta, um incêndio na esquina da Rua Uruguaiana ainda nos reteve por quase dez minutos. Mas conseguimos chegar a tempo, cinco minutos antes de fechar.

A guarda da PM que conferiu os meus documentos não entendeu como eu já havia pagado a multa se meu carro ainda estava do lado de fora na fila de espera. Expliquei-lhe a gentileza do guarda que me atendeu e o imenso transtorno de regressar sem carro para Itaipava. Consultou um superior e me autorizou a falar com o motorista do reboque para que entrasse imediatamente no estacionamento. Assim foi feito, e às 20h15, eu já estava dentro do meu carro. Ainda passei no outro cliente, que felizmente tinha escritório ali perto, e voltei para Itaipava. Vale registrar que, durante todo o corre-corre, mantive firme a determinação de pegar o carro no mesmo dia. A falha foi não ter estacionado numa vaga regular próxima por achar que ainda estava longe do edifício procurado. Será que existe mesmo obstáculo intransponível?

Agir repetidamente ou mudar de estratégia

A importância de não confundir persistência com teimosia é fundamental. Os dicionários definem persistência sucintamente como perseverança, constância, pertinácia. Se a essas palavras for acrescentado o adjetivo exagerada, definimos teimosia. A imagem do indivíduo batendo à porta e que, três horas mais tarde, continua lá sem ser atendido, ilustra magistralmente bem como um objetivo sensato (ser atendido) pode se transformar num objetivo sem sentido (ficar batendo à porta – a essa altura, *na* porta). E também como a persistência, uma virtude, vai se transformando em teimosia, que é contraproducente. Mas nem sempre. Essa zona de transição tem algo muito importante a nos dizer.

É preciso estar alerta para perceber quando uma atitude está realmente se transformando na outra e dar um basta. E também estar muito antenado para identificar aquelas situações críticas em que um pouco de teimosia faz bem. Existem modelos econômicos que afirmam ser a influência do passado recente mais forte nos acontecimentos presentes do que a do passado remoto. No caso do Empreendedor, isso significa dizer que quanto mais as boas experiências advindas da persistência vão ficando para trás no tempo, menor será sua influência na mente de quem dela precisa no momento presente. Não é preciso dizer como é importante fugir desse cenário como o diabo da cruz. Há, entretanto, momentos em que nos sentimos impotentes para continuar. Aqui vale a pena exagerar um pouco na determinação de perseverar, de ser teimoso e agir para não ceder ao obstáculo da acomodação.

Afinal, Empreendedor bem-sucedido desmente os modelos econômicos? Não necessariamente. De toda forma, é preciso ir mais fundo na compreensão desses modelos para saber como podem nos ajudar. O segredo do Empreendedor é sua capacidade de transformar passado remoto em passado recente pela prática reiterada dos comportamentos que dão certo, aqueles que lhe permitem atingir seus objetivos de crescimento pessoal e empresarial.

E quando a situação estiver muito difícil? O melhor é hibernar, funcionando até mesmo em baixa rotação, mas preservando energia, "teimando" em não ceder ao morninho, à volta ao "equilíbrio". Obrigar-se a sair da zona de conforto. Ter sempre em mente que o Empreendedor age repetidamente ou muda de estratégia para superar um problema. Note que existe algo de saudavelmente teimoso nesse comportamento.

"E quando o ânimo fraqueja?", pergunta o advogado do diabo. Nesses momentos – já notaram? – somos tomados por uma boa dose de apatia. A melhor solução nesse caso me foi ensinada por um japonês com quem meu irmão fazia massagem. Para ele, "depresson é má circulaçon, non?". O português pode soar afrancesado, mas a afirmação está basicamente correta. O Empreendedor, em sua dança de São Guido permanente, sabe que a saída é caminhar, correr, pular, nadar, subir e descer escada, enfim, mexer-se. Trata-se da receita certa para despachar a depressão (ou a falta de ânimo) rapidamente. Fazer o sangue circular mais depressa nas veias é uma faxina interna da melhor qualidade. Disposição física e mental é o que não vai lhe faltar. De mais a mais, é sempre bom lembrar que o desânimo (ou ter pena de si mesmo) é um sentimento absolutamente inútil, segundo o sábio utilitarismo inglês de Bertrand Russell, que não tem tempo a perder.

No passado, era muito comum enviar um padre recém-ordenado para uma paróquia do interior e deixá-lo lá isolado por muitos anos. Quando o bispo finalmente resolvia visitá-lo, encontrava-o rodeado de "coroinhas" e de alguém contratada para cuidar da casa paroquial. Hoje, a Igreja recicla periodicamente seus padres para reacender neles o entusiasmo inicial. O Empreendedor deve adotar a técnica do bispo moderno de reunir sua equipe periodicamente, indo também ao encontro de seus pares para recarregar as baterias. Nada de desculpas do tipo "as reuniões estão se tornando encontros sociais e não de negócios". Ninguém o proíbe de levantar essa questão diante de seus colegas e corrigir rumos. Ótimas sugestões surgem desses encontros. O Empreendedor está metido até o pescoço na dura batalha de mudança de padrões de nossa cultura empresarial. Esse é um processo lento e gradual, mas que pode ser acelerado. A luta pela reafirmação do espírito comunitário e de equipe produz excelentes resultados.

Responsabilidade pessoal nas metas

"*ERRARE HUMANUM EST*", diziam os romanos. Errar é humano, repetimos nós quando nos deparamos com situações em que as falhas humanas acontecem. Normalmente, alimentamos um sentimento de profundo pesar em relação aos nossos erros. Na verdade, o lamento é a atitude mais comum em relação ao erro. Poucos encaram os erros como fonte potencial de aprendizagem e, menos ainda, de sabedoria. No entanto, a contribuição do erro ao avanço da humanidade foi muito significativa tanto no plano individual como no coletivo. Alguns exemplos e comentários ilustrarão com perfeição o que queremos dizer.

Contrariamente ao que se possa pensar num primeiro momento, os erros que levam ao fracasso são também uma oportunidade de aprender mais, de conhecer melhor um determinado assunto, produto, serviço ou mercado. Certamente surpreende tomar conhecimento da informação de que um Empreendedor típico, em média, vai à falência de três a quatro vezes antes de atingir o sucesso. Se é uma média, isso significa que alguns se dão ao luxo de falir cinco ou mais vezes. Isso pode parecer incrível, mas foi justamente o que aconteceu com o fundador de uma grande cadeia de lojas nos EUA, que conseguiu a proeza de falir sete vezes antes de dar certo. Já pensou no que teria sido dele se tivesse perdido o ânimo e o entusiasmo após a sétima falência? É isso mesmo: a Sears Roebuck não existiria. Muitos, nessas horas, já teriam se reconhecido como fracassados. Teriam aceito o veredicto condenatório de sua própria voz interior, a pior inimiga que alguém pode ter nesses momentos. Justamente ela, que pode ser nossa maior amiga e confidente. Tudo depende do tipo de diálogo que você mantém com a dita cuja. Lembre-se sempre que pensamento gera emoção, que gera comportamento.

Os exemplos de "erros que deram certo" são vários, indo desde produtos mais simples até aqueles que tiveram imenso impacto sobre a vida humana. A descoberta da penicilina resultou de um descuido de Fleming. Ele esqueceu algumas amostras numa prateleira além do tempo previsto, que acabaram mofando. Foi a partir desse "erro" que a penicilina foi descoberta. Outro exemplo, mais simples, foi como surgiu a toalha de pano para enxugar as mãos. Resultou de um defeito de um tear, que passou a produzir um tecido com o fio fazendo corcovas, felpudo, ao invés de liso, ótimo para secar as mãos e, para tal, logo utilizado pelos operários da fábrica.

No plano da metodologia científica de pesquisa, ao se desenvolver um novo produto ou serviço, testamos vários protótipos. Um protótipo pode ser visto como uma licença que nos damos para cometer erros sob controle, pois normalmente só aproveitamos um deles como modelo para o produto ou serviço final. Como já foi dito, o sucesso é o último estágio de uma sequência de tentativas fracassadas. Normalmente, sonhamos com o sucesso logo nas primeiras tentativas. Esse enfoque permite que o desânimo – uma grande perda de energia – se instale. Visualizar o sucesso no final do processo mantém o ânimo, matéria-prima básica do reservatório de energia do Empreendedor.

No plano filosófico, houve uma mudança importante na percepção dos erros e dos fracassos. Eles passaram a ser vistos, mais e mais, como estágios de aprendizagem a serem percorridos antes de atingirmos nossa meta de sucesso. Recentemente, tive acesso ao depoimento de um pesquisador, que trabalha numa incubadora de empresas, sobre sua visita ao Vale do Silício na Califórnia. Lá, para surpresa sua, ouviu a seguinte frase: "Nós valorizamos o fracasso. E pedimos que sejam colocados nos currículos para posterior avaliação". Qual a mensagem por trás dessa afirmação, que parece estapafúrdia à primeira vista? As adversidades conferem a quem as vivenciou uma experiência profissional e de vida muito enriquecedora e valiosa. Uma nova empresa em busca do caminho das pedras pode se beneficiar muito dos serviços de quem tem essa bagagem. O perigo de quem só colheu sucessos é tropeçar feio num obstáculo mais difícil, que é relativamente fácil de superar por quem já deu com os burros n'água. No dicionário do Empreendedor, fracasso é sinônimo de aprendizagem e sabedoria. É assim que ele chega lá. Não aceita terceirizar sua responsabilidade pessoal quando se trata de atingir seus objetivos. Shakespeare nos diz isso num verso-frase memorável: "*Sweet are the uses of adversity*". Traduzindo: "Doces são os *usos* da adversidade".

Comprometimento

Sacrifício pessoal sem medir esforços

Nosso Chico Buarque tem uma letra de música famosa, "Bom Conselho", em que ele contesta a sabedoria convencional dos provérbios. "Quem espera nunca alcança" ou "Devagar é que não se vai longe" são dois versos conhecidos que nos forçam a repensar o estabelecido. Que a espera causa insatisfação nós e a torcida do Flamengo já sabemos. Será que o autor está nos dizendo que a saída é pisar fundo no acelerador? Quanto mais rápido melhor? Essa interpretação nos parece simplista. Umberto Eco, crítico literário italiano e também autor do romance *O nome da Rosa*, que virou filme, desenvolveu o conceito de obra aberta. Em bom italiano, ele nos manda o seguinte recado, já traduzido: uma obra de arte (pintura, escultura, romance, poesia) é tanto mais rica quanto maior for o número de interpretações ou significados que ela tiver. Reler uma grande obra é ter a certeza de novas descobertas. Um letrista exigente como o Chico não iria se encurralar numa rua de mão única. Ele prefere as múltiplas possibilidades de um trevo rodoviário de quatro folhas. Além de mais rápido, mais esforços e sacrifícios podem ter outras interpretações igualmente válidas.

A nosso ver, essa letra do Chico nos remete à questão do aqui e do agora, ou seja, das oportunidades perdidas no espaço e no tempo. Na grande maioria das vezes, porque faltou espírito de sacrifício ou um esforço extra para finalizar. Ela mexe com nossa acomodação, nos manda ir para a chuva. Ela nos faz ver que é preciso apressar o passo em certas circunstâncias, justamente naquelas em que a sabedoria convencional, tomada ao pé da letra, nos aconselharia a manter sempre o mesmo ritmo. Saiba variar. Uma das habilidades mais importantes a serem cultivadas pelo Empreendedor é um agudo senso de *timing*: fazer a coisa certa, no momento certo e na velocidade certa. Saber dosar o peso do pé no acelerador é um fator crítico para as iniciativas bem-sucedidas. Isso exige o esforço extraordinário de estar sempre alerta.

O Empreendedor está sempre vendendo alguma coisa: uma ideia, um produto, um serviço ou a si mesmo. Na verdade, não são vendas isoladas. Com frequência, elas se misturam. Tendem a acontecer simultaneamente. O fechamento de uma venda ou o término de um trabalho é aquele momento em que ritmo e velocidade são fundamentais. A pior coisa que pode acontecer é deixar a hora da verdade esfriar ou permitir que dúvidas surjam na cabeça do cliente. Basta lembrar das críticas que todos nós fazemos à seleção brasileira por não saber finalizar em gol a jogada bem armada. Cliente odeia essa história de trabalho quase terminado ou mal-acabado.

A experiência pessoal nessa área pode ser muito enriquecedora. Pratique, com frequência, o seguinte exercício: quando se deparar com situações já vividas no passado, aproveite para pôr em prática as alternativas pensadas e não utilizadas naquela época e colher os resultados que antes lhe escaparam. Embora possa não estar tinindo em matéria de velocidade, dará para perceber a mudança em andamento. Você sentirá melhoras significativas em sua capacidade de resolver os problemas do dia a dia de forma mais ágil. Afinal, alguém já disse que adiar é dar tempo ao diabo. Na versão televisiva da Magda, ela provavelmente diria que adiar é dar tempo ao quiabo. E à sua baba escorregadia. Escorregar, vacilar e postergar são verbos defectivos na gramática do Empreendedor. Pior ainda: são considerados verbos defeituosos, pois, a rigor, não poderiam ser conjugados em nenhuma pessoa do singular ou do plural e em tempo algum. Aprender a conjugá-los não leva a nada, exceto a frustrações. Sacrificar-se e esforçar-se são os verbos em cuja conjugação o Empreendedor é um craque consumado. Não por masoquismo, mas por saber que as grandes realizações passam pelo crivo deles. Ganho sem dor é conversa mole.

A mensagem do nosso Chico com a letra mencionada é mostrar que vivemos em tempo de mudanças rápidas. Nossa incapacidade de acompanhá-las nos faz correr o risco de ficar para trás. Use mais a mão esquerda; entre em casa pela porta que nunca usa; almoce num restaurante que você nunca experimentou; faça na metade do tempo aquela tarefa que normalmente é feita a passo de tartaruga. E assim por diante. Isso vai-lhe exigir sacrifício e muita disposição para cumprir prazos. Que tal fazer o exercício de unir nove pontos em forma de quadrado com apenas três linhas *sem* tirar o lápis do papel? Saia do quadrado. Tope a parada!

Colaborar e até assumir o lugar dos empregados

Você se lembra daquele dia em que pensou em demitir quase todo mundo? Aquele meio mundo de gente que não conseguia fazer o óbvio. Um bando de inúteis. Tudo em cima de você, não é mesmo?

Sinto informá-lo que não é bem assim. A falha é sua. E a razão é cristalina: alguém falhou na seleção dos membros da equipe, alguém não deu o treinamento adequado, alguém não foi capaz de motivar e monitorar essa mesma equipe. Mais grave ainda: será que não permitiu que algumas laranjas podres (ou mesmo uma!) contaminassem o saco? Contratar devagar e demitir rápido tem sido sua regra de ouro em sua política de recursos humanos? São as pessoas que demite tardiamente que lhe trazem sérios problemas. Depois de tudo isso, você ainda tem dúvida de quem é a responsabilidade?

Na verdade, por um lado, quase todos nós já fomos pegos de calças curtas em situações como as descritas acima. Por outro, sabemos que há situações nas quais o Empreendedor tem de colaborar com seus empregados, ou mesmo se colocar no lugar deles, se necessário, para terminar um trabalho. Vale notar como essa frase traduz fielmente o comportamento do Empreendedor de sucesso em determinadas circunstâncias. Ela nos diz claramente duas coisas. A primeira é que ele colabora, ou até se coloca no lugar dos empregados, *se for necessário*. A segunda é que tais situações se justificam *para terminar um trabalho*. Em momento algum foi dito que o Empreendedor deve assumir rotineiramente as funções de seus empregados. É até fácil estabelecer uma regra de bolso para esse tipo de situação: ela será tanto mais frequente quanto mais fraca for sua equipe. E formar boas equipes é indelegável. Nessa hora é bom relembrar do guru dos gurus, nosso velho Drucker. É tarefa *do Empreendor* fazer isso.

Mas tenha cuidado ao interpretar o que está sendo dito como pura e simples falta de controle de sua parte. Monitorar faz parte de todo negócio bem-sucedido, mas monitorar em excesso tem efeitos contraproducentes. O mais sério deles é inibir a criatividade e a iniciativa de seus funcionários. Os gurus da moderna administração empresarial recomendam tratar seus funcionários como colaboradores, para estimular a responsabilidade individual. O melhor monitoramento é aquele que cada um faz de si mesmo conscientemente em direção ao alcance de metas com as quais esteja racional e emocionalmente envolvido. Aferir o combinado, entretanto, é benéfico para ambas as partes.

Como criar esse clima?

Você certamente conhece pessoas que têm uma incrível capacidade de contar histórias. E que sabem prender sua atenção, mexendo com suas emoções. Conhece também outras chegadas ao estilo comandante militar, com as quais muito provavelmente não tem a mesma afinidade, em especial quando a alternativa é ouvir o bom contador de histórias. Já sabemos que o estilo comandante está em franco declínio. Mais sério ainda: num mundo globalizado de rápidas mudanças, esse enfoque levará ao desastre. Saber adaptar-se às mudanças em ritmo veloz exige criatividade e iniciativa individuais, qualificações impossíveis de serem extraídas das pessoas num ambiente de comando centralizado numa única pessoa. De mais a mais, pessoas tratadas como adultos reagem como adultos. É isso mesmo, dê um basta àquela história de tudo em cima de suas costas. Liberdade para os outros e também para você.

O líder dos novos tempos atua como agente e servo da mudança. É também um bom contador de histórias envolventes. E isso não é programa para ser feito a sós. Atue como aquele político honesto que no comício em praça pública antevê, *junto com a multidão*, num canto da praça, o edifício da futura Escola de Medicina. E cumpra a promessa com a ajuda de muitos colaboradores envolvidos emocionalmente com a realização do sonho possível, aquele que não se sonha sozinho.

Satisfazendo o cliente hoje e sempre

A característica mais fascinante do Empreendedor é, sem dúvida, sua capacidade de gerar riqueza, embora seja muito comum, em nossa tradição cultural, concebê-la de forma estática. Em outras palavras: para alguém enriquecer, alguém terá de empobrecer. É certo que isso ocorre no caso de sociedades paradas no tempo, aquelas em que a renda real *per capita* estagnou, ou seja, em que não há geração de riqueza.

Mas essa não é a praia do Empreendedor. Onde ele está presente isso não acontece. Ele traz embutida em si uma nova escala de valores, vale dizer, uma nova cultura empresarial para o país. Nós sabemos que o sucesso depende da prática de certos comportamentos e, em especial, da capacidade de inovar, que é a própria essência do Espírito Empreendedor. Já sabemos que não são o crédito e o simples treinamento que explicam o sucesso empresarial. Os comportamentos empreendedores é que geram renda e riqueza. São eles que, quando praticados em larga escala, estão na base de uma economia dinâmica, saudável e mais justa do ponto de vista de fazer com que todos se beneficiem. Em suma: a proatividade das pessoas é que faz o milagre acontecer.

Pergunta: será mesmo que a distribuição de renda tenderá a melhorar com a difusão da "ideologia" do empreendedorismo? De outra forma: o sucesso individual vai contribuir significativamente para o sucesso coletivo, com reflexos positivos sobre os consumidores em geral? A pista para a resposta que buscamos parece estar na característica do comprometimento, que extrapola os limites dos ganhos pessoais. Ela leva o Empreendedor a esmerar-se na satisfação do cliente a longo prazo, acima mesmo do lucro de curto prazo. Quanto mais comum for esse tipo de comportamento, maior será o benefício para todos. Vejamos a mecânica de funcionamento desse processo que opera na direção desejada.

Em primeiro lugar, colocar o lucro a longo prazo acima do de curto prazo não tem nada a ver com ser bom moço. Na verdade, lucro a longo prazo é lucro permanente e, portanto, maior ao longo do tempo. Não é por mero acaso que os 10% mais ricos no Brasil abocanham cerca de 50% da renda nacional, ao passo que nos EUA esse mesmo extrato retém apenas 25% do bolo da renda. A ideia de lucrar na unidade, e não no volume produzido, está intimamente ligada à maximização do lucro a curto prazo, ou seja, a uma visão imediatista do lucro. Ao longo do tempo, é como optar por ficar com metade de um pequeno bolo ao invés de reter uma fatia menor de um bolo dez vezes maior. Trata-se de uma escolha nada inteligente em ficar menos rico em termos absolutos. Isso resulta de um tipo de cultura empresarial excludente e pouco perspicaz. Os dados estatísticos citados acima confirmam essa escolha equivocada quando comparamos os resultados a que chegaram o Brasil e os EUA. Lá, foi-se consolidando a busca do lucro dentro de uma visão de longo prazo, em ganhar com a produção em massa, ao passo que nossa industrialização caminhou em direção oposta de maximizar o ganho unitário até recentemente.

Em segundo lugar, é preciso ter claro que lucrar no volume abre espaço para uma melhor distribuição de renda, ou seja, permite ampliar o mercado. É melhor ter 1% de muito do que 100% de quase nada. A riqueza e a renda acabam permeando toda a sociedade, minimizando a formação dos bolsões de pobreza. Não há necessariamente incompatibilidade entre riqueza individual e riqueza coletiva. Vários países já o demonstraram inequivocamente. Não é preciso recorrer aos países europeus e aos EUA para demonstrar que isso é possível, basta lembrar dos casos do Japão e da Coreia do Sul. A porta para a abundância continua aberta, desde que seja feita a coisa certa em bases sustentáveis.

Em terceiro lugar, torna-se evidente que é possível criar riqueza a partir de atitudes empreendedoras e da implantação desse tipo de cultura. A literatura econômica originalmente só mencionava os três fatores clássicos de produção – terra, capital e trabalho – para só depois descobrir um quarto e mais importante do que todos os outros: a capacidade empresarial. Desenvolvê-la ao máximo é o compromisso maior do Empreendedor juntamente com o bom atendimento à clientela. Sem essa peça-chave o processo fica capenga. Basta lembrar do fiasco histórico do comunismo nos países que trucidaram o Espírito Empreendedor de seus habitantes.

Busca de informações

Informação boa é com clientes, fornecedores e concorrentes

Esperando Godot é uma peça teatral escrita pelo dramaturgo irlandês Samuel Beckett. Trata-se de um drama, de grande sucesso, em que Beckett leva às últimas consequências sua filosofia niilista. A vida para ele é absurda e sem sentido. Para piorar, também não acreditava na possibilidade de comunicação entre as pessoas. Para deixar claro que a condição humana é um beco sem saída, e tornar as coisas ainda mais dramáticas, ele não acreditava nem mesmo na capacidade de a língua expressar esse estado de coisas. O produto final de tudo isso é uma angústia infinita. Essa visão de mundo fez a cabeça de Beckett, transformando-o num tipo caladão e meio distante. Curioso é que, mesmo afirmando a impotência das palavras, fez uso delas para transmitir suas ideias... Alguma comunicação é possível? Certamente sim. De toda forma, a incomunicabilidade não é o teatro de operações do Empreendedor. Beckett é um beco sem saída, embora possa ser útil ao nos alertar em relação às dificuldades (impossibilidade para ele) da comunicação. Em especial para quem sabe, como o Empreendedor, que construir pontes confiáveis entre as pessoas é a única maneira de obter informações seguras de clientes, fornecedores e concorrentes.

O grande escritor inglês Aldous Huxley, autor do romance *Contraponto*, acreditava que o ser humano está fundamentalmente sozinho neste "mundão de Deus", na expressão de um personagem de Guimarães Rosa. Aqui, pelo menos, temos algo na direção da filosofia de vida do Empreendedor: cabe a você, e a mais ninguém, traçar seu caminho pelo mundo. Mesmo que a Bahia não tenha lhe dado régua e compasso. Passar procuração, nesse caso, não funciona. Sartre, filósofo existencialista francês, levava essa postura ao seu limite: "O homem está condenado à liberdade". Liberdade ou escravidão é, em última instância, uma escolha sua. Pode parecer um pouco exagerado, mas quando pensamos nos quilombos que se formaram no Brasil desde o século XVII, com todas as dificuldades da época, somos obrigados a concluir que existe algo de verdadeiro na visão de Sartre a respeito da responsabilidade individual sem direito a desculpas. Garimpar as informações de que necessita e utilizá-las inteligentemente é sua tarefa. Ter isso como parte de sua prática diária é receita de sucesso.

Por que, então – perguntaria – observamos ainda tanta passividade no nosso dia a dia? Lá no fundo, nossas escolas deram e ainda nos dão o treinamento errado. Aquela história do *magister dixit* ("o professor falou, tá falado!"), que não nos ajuda a dar vazão à nossa criatividade individual. Stephen Kanitz aborda essa questão num artigo cujo título-

-proposta é *Revolucione a sala de aula*. Fala da disposição das carteiras em fileiras direcionadas para um tablado elevado onde fica a mesa do professor. Os alunos devem olhar para frente e não para os lados. A proposta é a comunicação unidirecional, melhor um pouco do que a comunicação em direção alguma de Beckett, mas ainda assim muito insuficiente. Kanitz nos fala também das salas de aula que encontrou no exterior em forma de ferradura inclinada com a mesa do professor situada em plano inferior na abertura da ferradura. Cada aluno podia facilmente olhar para os demais, trocar ideias, resolver conflitos olho no olho, exercitar o raciocínio, chegar a um acordo comum e desenvolver um plano de ação para resolver o problema proposto. Ele termina o artigo nos alertando: "Lembre-se de que, na vida real, você terá de ser aprovado pelos seus colegas e futuros companheiros de trabalho, não pelos seus antigos professores". No teatro de operações do Empreendedor, colegas são, *lato sensu*, seus clientes. Companheiros de trabalho formam um misto de fornecedores e concorrentes. Infelizmente, durante nossa formação escolar, as oportunidades de pisar nesse palco como atores são poucas. A tradição inglesa de colocar o aluno de frente para a turma para expor suas ideias aos colegas não é uma prática antiga (nem rotineira) em nossas escolas.

Não espanta, pois, que tanta gente adote atitudes do tipo *Esperando o Godofredo agir*. Ao invés de ir lá e saber por que não foi feito ou fazer diretamente quando for o caso, esperamos que alguém faça o nosso dever de casa. E rapidamente achamos um culpado: "Já falei com o Godofredo trezentas vezes! E nada!". É claro que seria muito mais eficaz resolver pessoalmente. Informar-se e agir. Ou então explicar direitinho ao Godofredo o que precisa ser feito. Mas o melhor mesmo é assumir pessoalmente o lugar do Godofredo. Continuar a reclamar do pobre Godofredo é enganar a si mesmo. Ninguém melhor do que sua pessoa em carne e osso para conhecer seus clientes, fornecedores e concorrentes. Dedicar-se a isso é um fator crítico de sucesso.

Produtos e serviços investigados pessoalmente

Uma das pedreiras mais difíceis de escalar ou contornar é a falta de recursos financeiros. Nosso primeiro impulso é ligar para o gerente do banco. Mas será essa atitude correta num primeiro momento? Não mesmo. A rigor, ir ao gerente do banco deveria ser uma das últimas providências a serem tomadas. Com frequência, associamos investimento a uma contrapartida monetária imediata. Esquecemos que o investimento tem uma dimensão no tempo, que é crítica para garantir o sucesso futuro. Os economistas nos informam que investir implica desviar recursos da produção corrente para uma produção futura maior. Exige planejamento. O pescador que abandona o anzol e passa três dias tecendo sua rede ilustra bastante bem essa situação. Mas aquele que pretende se dedicar à pescaria e investiga antes as alternativas existentes, fazendo a opção pela rede, em vez da vara de pescar, já vai partir de um patamar de produtividade bem mais elevado.

Investir não é, portanto, apenas uma questão de dispor do dinheiro necessário. É também uma questão de reorganizar seu tempo e se planejar de modo a dar mais atenção à concretização de seu sonho. Essa parte é mais importante do que a outra, a do dinheiro. É justamente por não dedicar tempo e tinta ao que se pretende fazer que tanto dinheiro é jogado fora. É por isso que, por muito tempo, 70% ou mais dos novos negócios davam com os burros n'água. O contrário tende a acontecer com as franquias, cuja taxa de sucesso se situa na faixa de 70% a 80%. Esses excelentes resultados deveriam ser mais divulgados e relembrados. Não para passar a mensagem subliminar de que a garantia do sucesso de um novo negócio é a franquia. Mas para que mergulhemos numa piscina de porquês. O maior deles seria: por que a margem de acerto é tão elevada nas franquias?

Existem providências que todos tomamos quando vamos fazer certas coisas. Você conseguiria se imaginar explorando a selva amazônica sem um guia? Ou embarcar num avião sabendo que o piloto não tem plano de voo? Curiosamente, quando se trata de novos negócios, o óbvio – o Plano de Negócios – passa despercebido. Ou é visto como mera formalidade. É exatamente isso que as franquias NÃO fazem. Elas se programam, se planejam cuidadosamente. Atuam como guias para seus franqueados. O segredo do sucesso passa por aqui. Conhecer as entranhas de uma franquia é um excelente exercício de aquecimento antes de abrir seu próprio negócio. Ou mesmo para aperfeiçoar o seu negócio já existente. E também para abrir uma franquia, que não precisa ser necessariamente a primeira com que fez contato. Não se esqueça de que a internet está ao seu lado para dar uma manzorra em todos esses passos. Mas não abra mão de conferir pessoalmente como fabricar o *seu* produto ou fornecer o *seu* serviço.

Existe ainda uma providência crítica que, com frequência, é esquecida: o exame de consciência empresarial. Na tradição religiosa católica, o padre recomenda aos que vão fazer a primeira comunhão um rigoroso exame de consciência. A mim, sugeriram que anotasse meus pecados numa folha de papel. A preferência dos fiéis pela linha direta com Deus enfraqueceu muito a tradição da confissão. Falar com Deus evita ter que expor ao padre certos detalhes escabrosos da intimidade de todo ser humano. Mas não conclua apressadamente que a instituição do exame de consciência está morta e enterrada. Ela pode ser muito útil no mundo moderno dos negócios, desde que devidamente adaptada para forçá-lo a se fazer perguntas incômodas e desafiadoras.

Realizar o seu sonho passa pelo investimento benfeito. Isso só é possível se for capaz de se dar respostas objetivas para algumas perguntas duras. Definida a atividade que o apaixona, projete em sua tela mental os seus buracos negros (seus "pecados"): aquilo que você não faz bem ou não gosta de fazer. Nada melhor para mapear suas falhas. Optando por um sócio, é fundamental evitar o erro muito comum do sócio papel-carbono, ou seja, aquele indivíduo que é bom ou ruim nas mesmas coisas que você é. Esse sócio redundante é muito comum. Ele resulta da imensa força gravitacional das afinidades que aproximam as pessoas. Afinidades derivadas do respeito mútuo e ao próximo são positivas. Mas afinidades nas competências e nas incompetências são garantias de maus negócios. É investimento da pior espécie. A realização do seu sonho merece certos cuidados.

Com ouvidos para os assessores técnicos e comerciais

"MUITO SIMPLES, minha filha, sempre contratei gente muito mais competente do que eu para trabalhar comigo."

Foi essa a resposta dada pelo Sr. Camargo Correa, da construtora, à repórter da revista que o entrevistava querendo saber como um homem com apenas oito anos de educação formal (mas, como vimos, com muita escolaridade informal) conseguiu criar aquele império multinacional da indústria da construção civil.

Podemos interpretar essa resposta extremamente sagaz de várias maneiras. A primeira coisa que nos passa pela cabeça é o perigo de ser passado para trás na empresa por alguém mais competente do que nós. Acontece que ele correu esse risco e se deu muito bem. Uma pausa para pensar nas razões: será que tudo depende de como foi conduzido o processo? Certamente sim. Vale exemplificar com um caso extremo na condução de uma empresa: o do empresário que "se deixou" passar para trás. Isso aconteceu na vida real. Um empresário contratou um funcionário que, em pouco tempo, se destacou dos demais. Algum tempo depois, ele o convidou para ser seu sócio minoritário. Ele aceitou. Passados poucos anos, ficou evidente a imensa capacidade empreendedora do novo sócio. Havia o risco de perdê-lo, pois naquela altura poderia facilmente abrir seu próprio negócio. Quando percebeu que isso poderia ocorrer, ele o convidou para ser sócio na base do meio a meio. Mais algum tempo e o antigo sócio minoritário virou sócio majoritário com 80% das cotas e o antigo dono ficou com as

20% restantes. Tudo isso feito de comum acordo entre os dois. Qual a lógica do processo? Muito simples: ficou claro para o antigo dono que, mesmo ficando com apenas 20% do negócio, ele estava muito mais rico do que se tivesse continuado sozinho. O que se pode dizer a respeito dele é que foi um mestre consumado na administração de sua própria vaidade e que de ingênuo não tinha nada. Só foi preciso ter cabeça aberta e esperta.

Na verdade, o mais curioso é que todos nós lançamos mão de recursos semelhantes no nosso dia a dia sem nos darmos conta disso. Eu me explico. O velho Drucker nos chama a atenção para a diferença marcante existente entre um mundo de mudanças lentas e o atual, que se destaca pela velocidade. A família Drucker era de tipógrafos. Durante 250 anos, essa arte foi passada de pai para filho sem grandes alterações. Ele também menciona o que ocorria no Exército antigamente. Ao chegar a um posto de comando, o oficial já tinha percorrido praticamente todas as funções da carreira militar, sabendo exatamente o que devia ser feito por cada um de seus subordinados. Pise, agora, no acelerador da mudança e verificará que as rotinas que o velho oficial dominava tão bem não são mais as mesmas. Boa parte nem existe mais ou é feita de modo muito diferente. O conhecimento que tinha delas envelheceu. Só lhe resta apostar (e conferir, obviamente!) na competência de seus subordinados. Já imaginou um oficial da Aeronáutica que não confiasse no sargento que cuida da parte mecânica de seu avião?

Vamos cair das nuvens e baixar a bola para o nosso cotidiano. Você já se deu conta de como depende da competência do (e de confiar no) próximo para as coisas mais simples, para não falar nas mais complexas? Por exemplo, o cozinheiro do restaurante onde almoça diariamente: qualquer descuido dele pode lhe causar problemas intestinais ou outros bem mais sérios. Pense numa empresa. Em sã consciência, no caso de ser empresário, seria capaz de realizar todas as tarefas melhor do que qualquer um dos seus empregados? Ou, no contexto de seu emprego, ser melhor do que qualquer um de seus colegas de trabalho em fazer o que é solicitado? Teoricamente, o regente de uma orquestra sinfônica deveria saber tocar todos os instrumentos, mas dificilmente tocaria violino melhor que seu *spalla*, o primeiro violinista. Os problemas se acumulam quando não percebemos isso. Viramos burro de carga. Pior: nos tornamos ineficientes por não recorrer à assessoria técnica ou comercial de quem entende do riscado.

Nos cursos a respeito de liderança sempre se dá um alerta para o perigo da liderança baseada na competência. Qualquer falha em suas aptidões vai-lhe causar sérios problemas de credibilidade. Além do mais, esse tipo de liderança emperra o crescimento da competência, da responsabilidade e da criatividade de seus colaboradores. Quando se age como um sabe-tudo, a tendência é infantilizá-los com resultados desastrosos para todos. Assessorar-se com especialistas é fundamental, mas vá além. Interprete a palavra assessor num sentido amplo, exatamente como devem ser seus horizontes.

Capacidade de cumprir metas

Objetivos desafiantes com significado pessoal

Desde que o renomado filósofo alemão Martin Heidegger manifestou sua insatisfação com as palavras existentes e resolveu criar novos termos capazes de expressar seus precisos conceitos filosóficos, a moda pegou e mergulhamos num mar revolto de novas palavras e siglas. É quase certo que você já se deparou com a sigla MBA. Em inglês, "Master in Business Administration"; em bom português, Mestre em Administração de Negócios. Como toda tribo, os MBAs têm seu jargão próprio. Foram inventadas abreviaturas do tipo MBO e MBWA. MBO significa "Management by Objectives", em português, Administração por Objetivos. MBWA quer dizer "Management by Walking Around", que pode ser traduzido por Administração por Circulação ou, de forma mais livre, por Administração Batendo Pernas (Andando) por Aí.

Essas duas siglas estão profundamente interligadas e resumem uma visão de mundo sob a ótica do Empreendedor muito mais abrangente do que se possa imaginar num primeiro momento. Elas permitem pôr em prática uma ampla gama de comportamentos empreendedores. A Administração por Objetivos/Metas (MBO) foi popularizada pelo nosso caro guru Drucker, na década de 1950. O foco aqui é nos resultados. Os chefes negociam com seus subordinados um contrato de metas para atingir resultados, ficando por conta destes quais atividades implementar para chegar lá. É bom lembrar que temos de nos cercar de uma equipe competente, requisito indispensável para que o processo funcione. É evidente aqui a semelhança com a nossa visão de metas SMART (eSpecíficas, Mensuráveis, Alcançáveis, Relevantes para você e Temporais, com data marcada para acontecer), que precisam ser postas no papel. Quanto à Administração do Tipo Andando por Aí (MBWA), é o exercício cuja sigla bem poderia ser TBC (Tirar o Bumbum da Cadeira). A ideia, nesse caso, é fazer com que os executivos da empresa deem significado pessoal aos relacionamentos, às motivações e aos contatos diretos com as pessoas e as atividades dentro (funcionários) e fora (clientes) da empresa.

Esses dois tipos de administração, MBO e MBWA, resumem muito bem o que um curso de MBA tenta passar para os que decidem fazê-lo. Em sua essência, ele gira em torno de nove disciplinas básicas, a saber: Marketing, Ética, Contabilidade, Comportamento Organizacional, Análise Quantitativa, Finanças, Gerência de Produção e Operações, Economia e Estratégia. Vale notar a semelhança existente entre esses tópicos característicos do MBA e o perfil do Empreendedor. Existem seminários que trabalham a personalidade do Empreendedor no dia a dia com muita eficiência. Eles dificilmente duram mais que uma semana em tempo integral, ao passo que o MBA consome em média dois anos para ser concluído. Apesar de curtos, o impacto causado por alguns deles é surpreendente (caso do EMPRETEC, antes com nove dias integrais de duração, hoje seis, ministrado pelo SEBRAE em todo o Brasil). Não é exagero afirmar que podem ser um divisor de águas na vida dos participantes. O clima de entusiasmo de alguns desses seminários reflete o profundo significado pessoal que metas livremente escolhidas e claramente definidas têm sobre as pessoas. É claro que um curso de MBA jamais poderia ser tão rápido em função das muitas técnicas e dos muitos conhecimentos específicos a serem passados aos alunos. No entanto, fica clara também a incrível capacidade que determinados seminários de imersão, em especial o EMPRETEC, têm em trabalhar com sucesso os pontos críticos do perfil psicológico do Empreendedor. Fazer um MBA depois de um desses seminários é como ativar um efeito catalisador capaz de fazer com que o curso de MBA produza resultados positivos muito mais poderosos e duradouros.

Na verdade, esses seminários de imersão e os MBAs buscam combinar ação e conhecimento de forma criativa e produtiva. Ambos têm um compromisso em fazer desabrochar o Espírito Empreendedor. Eles atuam a favor da mudança para melhor. Mas esse processo não ocorre sem as dores do parto. É doloroso, pois implica redesenhar o nosso mundo interior para atuar sobre o mundo a nossa volta. Vai além da lógica e do conhecimento. Afeta profundamente valores e emoções e o significado pessoal que estes têm para cada um de nós. É nisso que está a dificuldade, e não apenas na resistência a interesses contrariados ou no medo do desconhecido, sempre lembrados como os maiores obstáculos às mudanças em nossas vidas. Para mudar, é preciso que informação e comunicação se somem ciberneticamente, ou seja, num processo contínuo de *feedback* e de atualização permanente para fazer as correções de rota necessárias e o ajuste fino do que se quer realizar. Esse desafio será tanto mais fácil de ser vencido quanto mais relevante for em termos pessoais.

Sempre com metas de longo prazo, claras e específicas

Em outubro de 2001, no encontro mensal do GEMT – Grupo de Empreendedores de Teresópolis-RJ – de que eu participava, tive a oportunidade de ouvir a seguinte história contada por um dos presentes, amigo meu. Numa reunião de pais e professores do colégio de sua filha, ele ficou, de início, observando o que se passava. Os professores, pelo jeito, eram adeptos do muro das lamentações. O tom recriminatório em relação ao comportamento e ao desempenho dos alunos (notas baixas) reinava soberano. E nada de falar das razões por que isso vinha ocorrendo. Em determinado momento, já com a paciência esgotada, meu amigo pediu a palavra. Para ele, estava claro que aqueles problemas tinham uma raiz comum: os alunos não sabiam o que queriam. Em outros povos e culturas – informou –, as crianças são estimuladas, desde muito cedo, a se posicionarem em relação ao que desejam para suas vidas, ou seja, suas metas de longo prazo. Essa abordagem pedagógica é reforçada no dia a dia pelo hábito arraigado de mandar os alunos lerem antecipadamente a matéria a ser dada em aula. O aluno entra em sala apto a participar ativamente do que vai ser exposto, sem adotar a postura de ouvinte passivo, comum em nossas escolas.

Mas o melhor veio em seguida pela contundência: "E vocês sabem por que os alunos não sabem o que querem?", perguntou. Dava para ouvir o pesado silêncio que se instalou no recinto. Ele mesmo acabou respondendo: "Muito simples: eles não são estimulados a pensar no que querem da vida". Já que estava com a macaca, emendou: "Querem uma prova? Levantem o braço aqueles que sabem exatamente o que querem da vida". Para surpresa do próprio, nenhum dos presentes se manifestou. Ninguém levantou o braço! Claro que, depois dessa, ele se sentiu o próprio estranho no ninho. E também reconfortado quando ouviu o comentário de sua filha ao chegar em casa: "Mãe, o pai hoje foi um 'barato' lá na reunião da escola". Pelo jeito, o recado bateu fundo nos presentes, pais e professores. Melhor que isso só se tais ideias fossem postas em prática pelos pais e pelos professores, em benefício dos alunos.

Curiosamente, somos um povo cujo governo tenta resolver a vida fazendo planos macroeconômicos. No plano individual, entretanto, somos avessos a nos planejar. Mas sempre encontramos tempo para retrabalhar duas ou mais vezes coisas malplanejadas...

Navio lançado ao mar sem rota de navegação acaba chegando aonde não quer. Nas aulas a que assisti do Prof. Mário Henrique Simonsen, dadas na Fundação Getúlio

Vargas-Rio, eu notava sua má vontade em relação aos planos macroeconômicos globais. Desconfiava deles. E, de fato, poucos foram cumpridos à risca em seu período de vida. Ele preferia sempre planos específicos, focados em algum problema claramente definido. Diga-se, de passagem, que os EUA não têm um plano geral para a economia. A chefe do Escritório de Orçamento do Congresso Americano afirmou, certa vez, que o diretor de planejamento do governo da antiga Polônia comunista voltou ao seu país achando que ela escondeu dele, propositalmente, o Plano Econômico Quadrienal Americano, que, de fato, não existe.

Como, então, pôr em prática planos mais ambiciosos, por exemplo, de empresas de grande porte, multinacionais? Estariam fadados ao insucesso? Claro que não! O ponto-chave é comprometer a pessoa responsável em executar o plano com aquilo que tem de ser feito a partir de diretrizes globais com contribuições locais. A IBM estabelece seus objetivos globais e quanto vai investir. Em seguida, essas metas e esses valores são regionalizados para cada unidade em diferentes países. Cabe ao técnico de cada área definir como vai chegar lá, tendo inclusive liberdade de propor valores maiores ou menores. Normalmente são maiores. As propostas de cada unidade são depois enviadas para a matriz mundial, que tem a palavra final na aceitação ou não e os respectivos cortes a serem feitos. Os novos valores de investimento voltavam às unidades operacionais, que tinham autonomia para distribuir o corte global, digamos, de 5%. E assim fechavam o circuito.

A boa notícia é que os planos funcionavam. A sua elaboração tomava de três a quatro meses de cada ano. As pessoas se davam o tempo necessário para elaborá-los, por terem a consciência de que era uma atividade crítica para o futuro da empresa. Ainda em dúvida? Então medite a respeito da distribuição do tempo nas três fases de uma reunião bem-sucedida: 60% para o antes (para o planejamento, da ideia até o início de sua concretização); 10% para o durante (da hora de início ao término) e 30% para o após (quando a ação tem de acontecer). Certo estava Abraham Lincoln, presidente americano e ex-lenhador, quando dizia que se tivesse nove horas para abater uma árvore, ele passaria seis afiando o machado. Sem planejar, definir e ajustar metas de longo prazo, as coisas não funcionam. Ou vão dar muito retrabalho.

Objetivos mensuráveis no dia a dia

A tradição científica anglo-americana é fiel ao princípio de que o conhecimento é tanto mais sólido quanto mais mensurável for. O apenas qualitativo é visto como uma espécie de conhecimento de pé quebrado. Estabelecer objetivos sem quantificá-los é perda de tempo. A letra M, de Mensurável, das metas SMART, não pode ser esquecida.

O primeiro requisito para chegar lá é que a comunicação seja eficaz e eficiente. Aquela que transmite a mensagem certa em tempo hábil para que as pessoas aptas a tomar as devidas providências o façam e resolvam corretamente o problema em questão. Aqui podemos recorrer à imagem de duas pirâmides num sentido administrativo-hierárquico. A sociedade humana não consegue conviver sem o princípio da hierarquia. Coloque dez pessoas dentro de uma sala por duas horas para discutir qualquer assunto ou tarefa e verá que uma delas, ao final, será formal ou informalmente a líder do grupo. Mas existem hierarquias e hierarquias. E pirâmides e pirâmides.

Imagine-se no topo de uma pirâmide muito alta e pontuda. Além do desconforto de se manter sentado lá no topo, a comunicação vai ficar muito difícil. Se tivesse que falar com alguém situado na base da pirâmide, acabaria com a garganta em pandarecos e essa pessoa com a sensação de que já não tem um ouvido tão bom. A informação a ser passada sofrerá toda sorte de interferências chegando ao destinatário distorcida, se é que vai conseguir chegar. Ao ser utilizada, vai ser posta em prática com erros e omissões, podendo causar estragos consideráveis. Adotemos, agora, outro cenário. Caia das alturas e se repense sentado no topo de uma pirâmide bem-achatada. Você vai se sentir, com certeza, sobre uma base de apoio muito mais confortável em mais de um sentido. A proximidade, até física, em relação a seus colaboradores (o termo *subordinado* foge ao espírito da coisa) torna a comunicação muito mais ágil e as correções de rota muito mais fáceis.

Objeção: "Mas no Brasil isso não funciona. As pessoas se perdem na liberdade que lhes damos". Será mesmo? E o seu Espírito Empreendedor, onde está? Mais fundo: pôr na sua cabeça que as pessoas são incapazes de assumir responsabilidades é o primeiro e fatal passo para confirmar esse triste diagnóstico. Vá ao limite: em última instância, contrate novos colaboradores. Quem conhece sempre se surpreende com a preocupação dos americanos em treinar as pessoas nas coisas mais simples que se possa imaginar. Até em coisas que soam como o óbvio ululante. Será que americano é burro? Ou nós partimos do princípio de que brasileiro é gênio? Não dar instruções precisas e treinamento adequado é a receita infalível para confirmar nossas piores "certezas" sobre os vícios pátrios. Os americanos usam a expressão KISS sempre que querem se lembrar da técnica correta para fazer as coisas funcionarem. KISS, que significa *beijo*, ao pé da letra, é a abreviatura para Keep (mantenha) It (o que seja) Simple (simples), Stupid (estúpido, idiota). Em bom português: faça uso abundante do óbvio ululante e colha polpudos resultados.

Quem já teve a oportunidade de conhecer por dentro a IBM Brasil ou já fez uso da cadeia de lanchonetes McDonald's (você e a torcida do Flamengo) sabe muito bem o que está sendo dito. A receita do bolo vem dos EUA, com todos os detalhes, mas quem faz o bolo são os brasileiros. E muito bem! O que isso prova? Que precisamos aperfeiçoar nossos procedimentos administrativos, gerenciais e de relacionamento humano. A falha está muito mais na gerência superior do que na desculpa cômoda de que "as pessoas se perdem na liberdade que lhes damos". As pessoas se perdem, sim, na confusão causada por não receberem instruções minuciosas sobre o que devem fazer e por não terem monitoramento posterior corretivo. Numa palestra a que assisti do Arnaldo Jabor, ele dizia ansiar por uma invasão americana avassaladora em termos de racionalidade administrativa e práticas gerenciais eficientes e eficazes. Segundo ele, esse é o nosso calcanhar de Aquiles. É preciso enfrentar o desafio com garra e com números.

Manipular pelo medo é a proposta que respalda em sua origem a arquitetura piramidal pontiaguda. Mas a própria

Igreja e o próprio Exército estão se afastando desse modelo. Por quê? Muito simples: onde o medo se instala, a criatividade não floresce. A pirâmide achatada da parceria está ao seu alcance, mas não se esqueça nunca de que metas não mensuráveis são difíceis de monitorar, por melhor que seja sua comunicação. Ande com sua régua (e compasso) no bolso para aferir.

Rotina de planejamento e monitoramento

Construindo o sonho com prazos definidos

"Um radical é um homem que tem os dois pés firmemente plantados no ar." Essa tirada de Franklin D. Roosevelt nunca mais me saiu da cabeça. Ela retrata com perfeição o sonhador sem compromisso com a realidade. No entanto, sonhar é parte inseparável da aventura humana. Segundo o Prof. Fernando Dolabela, "empreender é transformar a linguagem poética dos sonhos na linguagem precisa das realizações". Esse processo de transformar o sonho em realidade é o desafio a ser enfrentado pelo Empreendedor. Esse teste pode ser enfrentado várias vezes. Os tombos pelo caminho não importam. O importante é chegar lá.

O sonho, na verdade, é um primeiro esboço do planejamento. Essa primeira fase do planejamento todo mundo faz de bom grado. A segunda fase, que envolve a especificação das etapas a serem percorridas, já não é tão popular. A terceira, de monitoramento, é uma espécie de terra de ninguém, onde poucos se arriscam, por terem de se dar ao trabalho de fazer o acompanhamento das sucessivas etapas na realização do sonho. Estamos todos de acordo que um grande trauma, sofrido por quem quer que seja, tem o poder de mudar comportamentos arraigados, repentinamente. Concordamos também que sair em busca de traumas para redirecionar nosso comportamento tem um custo excessivamente alto. Talvez exemplos contundentes do quanto perdemos por não planejar antes possam substituir esse papel transformador do trauma na mudança comportamental. Senso de urgência é u'a mão na roda para que a mudança ocorra. Nesse caso, um bom exemplo foi o do diretor-presidente de uma grande empresa, numa reunião com muitos participantes, em que ele se levanta da mesa e pede licença por ter sido tomado por uma irresistível vontade de ir lavar as mãos. São aqueles momentos críticos em que ninguém mais pode fazer por você o que precisa ser feito.

Recentemente, assistindo a um seminário a respeito de capacitação empresarial, o palestrante nos falou sobre as perdas de material na construção civil japonesa: apenas 18 quilos por tonelada de material utilizado, ou seja, 1,8%. E, para horror dos presentes, nos informou que no Brasil essas perdas foram da ordem de 30% (trinta por cento!) durante muitos anos. Aquele foi um momento de iluminação que me permitiu entender uma história que me foi contada, há muito tempo, por um amigo ligado à construção civil no Rio de Janeiro e que sempre me pareceu um tanto fantasiosa. Estávamos indo para o centro da cidade e decidimos utilizar a pista de asfalto que margeia a praia de Copacabana. Contemplávamos, de um lado, o mar e, de outro, os imensos hotéis cinco estrelas, cujo gabarito, permitido pela legislação municipal, é o triplo dos demais prédios da orla marítima. Em determinado momento, ele apontou para um prédio de cerca de 12 andares e me disse: "Está vendo aquele prédio ali? Foi construído com as sobras daquele hotel cinco estrelas ali mais à frente". De fato, a cor dos vidros e do material de alvenaria utilizado no prédio menor, e até o estilo arquitetônico, eram os mesmos do hotel, cujo gabarito era pouco maior que o triplo do prédio construído com suas sobras.

Agora, pare um minuto, faça alguns cálculos e tome um choque. Com uma taxa de desperdício de 30%, nós poderíamos construir aproximadamente um prédio (ou residência) a mais para cada três (ou quatro) que fossem levantados. O exemplo concreto do prédio de 12 andares e do hotel cinco estrelas em Copacabana é emblemático. No caso japonês, essa relação seria de um prédio novo para cada grupo de 55 construídos, se é que é possível reduzir a zero o refugo de 18 kg por tonelada de material utilizado. Isso significa que a construção civil japonesa é (ou era) cerca de 17 vezes (!) mais eficiente do que a nossa no controle do desperdício.

Pergunta: como se deu mais esse milagre japonês? O segredo é planejar cada detalhe, vindo do fim para o início. Trocando em miúdos: antes de estabelecer as dimensões de uma varanda, o arquiteto japonês procura saber as medidas de cada piso que ali vai ser colocado para definir as medidas da varanda como um múltiplo exato do tamanho do piso a ser colocado. E assim por diante em tudo o mais. Planeja antes e executa depois. Eu me assustei quando me dei conta que essa história do prédio construído com sobras de outro me havia sido contada há mais de trinta anos e, ainda hoje, nosso desperdício na construção civil continua numa faixa elevada, em torno de 15%. E me assustei mais ainda quando me dei conta do quanto foi para o lixo ao invés de ser transformado em novas construções durante os muitos anos em que convivemos com essas taxas astronômicas de 30%. Já se deu conta que nosso déficit habitacional possa ser, em boa parte, um subproduto de nosso desperdício, vale dizer, de nossa falta de planejamento? Você já parou para pensar no quanto pode estar perdendo em seus negócios por falta de planejamento? Planejar sai bem mais em conta do que o nosso tradicional retrabalho e desperdício de tempo.

Revisando planos em função de resultados e circunstâncias

Quem já teve uma atividade empresarial regular no setor privado depois de muitos anos de trabalho no setor público (e acadêmico), como foi o meu caso, conhece bem o fosso que separa um de outro. São dois mundos com duas realidades muito diferentes. A metamorfose a ser enfrentada não é nada fácil. Trata-se de uma experiência de vida enriquecedora, mas que obriga a uma revisão de planos de atuação, dada a prioridade conferida aos resultados no setor privado e às mudanças circunstanciais que sempre acompanham o ágil mundo dos negócios.

Em rápidas pinceladas, é uma situação que pode ser descrita como a que ocorre nos diálogos homem-homem ou mulher-mulher. Aquelas confidências que as mulheres geralmente só falam entre si e os homens também, como se tais “segredos” pudessem ser exclusivos de apenas um dos sexos. Ainda que hoje isso esteja mudando, a visão que se tem dos homens de negócios no setor público e na academia não pode ser descrita como lisonjeira. Trata-se de uma espécie de inimigo público que é preciso acompanhar de perto e manter sob controle para evitar o pior. Nada disso, entretanto, costuma ser dito abertamente. No fundo, está bem próximo da mentalidade do Gustavo Corção, no auge da Ação Católica Brasileira (anos 1930 e 40), que o levou a criar uma cooperativa para combater a ganância do Manuel, o português dono do armazém ali da esquina. O entusiasmo dele durou até o dia em que descobriu que o quilo da batata vendido pelo nosso caro lusitano estava mais barato que o de sua cara (nos dois sentidos!) cooperativa. Pelo jeito, até hoje o setor público brasileiro ainda não se deu conta plenamente de como continua cobrando caro pelas suas batatas, como diria Machado de Assis. Nisso está de mãos dadas com boa parte do mundo acadêmico oficial (universidades públicas), sempre pronto a denunciar as imperfeições do mercado e a calar-se quando se trata das tão conhecidas imperfeições do governo (setor público). Essa é uma área que grita por mudanças de mentalidade que permitam revisar a legislação existente que se dá ao luxo de não alinhar os incentivos corretos aos resultados concretos pretendidos.

Na verdade, houve, na última década, uma (r)evolução no próprio meio empresarial. De início, era uma visão na mesma linha nada idílica ou "ecológica" do Woody Allen a respeito da natureza e dos bichos que a povoam (inclusive o bicho-homem): um imenso restaurante onde todo mundo janta todo mundo. Competição mortal, para ser explícito. Essa foi, de fato, a mentalidade, por muitos anos, até que os homens de negócio se deram conta de que estavam perdendo muitas oportunidades lucrativas de cooperação. Isso resultou da falta de monitoramento dos (pobres) resultados obtidos e de não levar em conta as mudanças que as novas circunstâncias impunham. Parcerias *antes* perdidas passaram a ser valorizadas. Terceirizar virou palavra de ordem na cooperação interempresarial. As empresas descobriram que poderiam dar saltos de produtividade ao terceirizar certas operações e atuar apenas como montadoras, mantendo a fabricação dos itens que valessem a pena para não as tornarem vulneráveis em seus segredos industriais e tecnológicos, a despeito da vida útil cada vez mais curta destes últimos. Os laboratórios de pesquisa de multinacionais, por exemplo, colaboram entre si em alguns elos da corrente que leva a inovações tecnológicas. A razão é muito simples: a concorrente pode dispor de um pesquisador que é a maior autoridade mundial num segmento específico de um dado processo a ser adotado ou componente de um produto a ser lançado futuramente e vice-versa. Não cooperar nessas circunstâncias revelaria falta de QI empresarial, para não falar dos prejuízos que o bolso, mais cedo ou mais tarde, acusaria.

Em função do que foi dito, estaria a competição morrendo e a cooperação triunfando? Nem uma coisa, nem outra. Tudo depende das circunstâncias e dos resultados obtidos. Seu ramo de atividade pode eventualmente comportar uma ampla dose de cooperação com menos ênfase no aspecto competitivo. Ou vive-versa. Cada caso demandará atitudes apropriadas. Mas uma coisa é certa: a competição está migrando, cada vez mais, do produto ou do processo para o padrão de atendimento dado pela empresa. Os produtos e os processos tendem a se tornar cada vez mais parecidos. Fica a seu cargo revisar regularmente seus planos de ação, padrões de atendimento e diferenciais. Sua imaginação empreendedora é o limite. Ou melhor: não deve ter limites. Competição, cooperação ou ambas? Você decide quando e quanto, em função dos resultados obtidos e das circunstâncias. Com firmeza e segurança em cada situação específica.

Usando registros financeiros na tomada de decisões

NA DÉCADA DE 1960, causou uma alegria quase infantil em nosso Patropi o livro *Como mentir com estatísticas*, escrito pelo americano Darrel Huff. Alguns críticos mal escondiam a satisfação em poder mostrar que o conhecimento baseado em registros numéricos podia ser fonte de fraudes monumentais. Era como se o livro tivesse jogado na lata do lixo a respeitabilidade da Estatística como ciência. E, de lambuja, a credibilidade dos números. O enfoque do livro, por sua vez, não era bem esse. Era, sim, de alertar o público em geral a respeito de certos usos indevidos dos mais variados registros numéricos. Isso valia também para os especialistas no sentido de terem muito cuidado no tratamento dado às informações e à sua fidedignidade. O mais interessante nessa história são os dois tipos de cultura, a nossa e a americana, e as reações cá e lá face ao livro.

Como já vimos, na tradição cultural ocidental, o conhecimento científico sólido tem tudo a ver com o desenvolvimento da capacidade de quantificar, ou seja, de estabelecer registros numéricos, de medir. A tal ponto de se considerar frágeis as decisões tomadas sem números que as respaldem. Na verdade, a questão central a respeito da validade de uma teoria é que seja falsificável. Em português claro: aquilo que não pode ser refutado com números jamais poderá ser testado. Sem atender a esse requisito, que permite dotar as teorias de maior proximidade da realidade, o conhecimento não é considerado científico. É conhecimento de outro tipo. Exemplo: como testar o mistério da Santíssima Trindade? No, entanto, sabemos que a fé nos permite conhecer forças interiores capazes de nos livrar de doenças em situações que estão além dos limites do conhecimento científico disponível hoje. A fé certamente vai além da ciência nesses casos.

Mas o que tem tudo isso a ver com o dia a dia do Empreendedor? Muito mais do que se possa pensar num primeiro momento. Já sabemos que para uma meta ser meta tem de ser SMART. E que o "M" significa mensurável. (Aproveite para relembrar o outro significado dado ao "S", de eSpecífica: ela deve ser eScrita também.) Pois bem, não há como medir sem quantificar, ou seja, sem gerar dados estatísticos (ou registros numéricos) computados em alguma unidade de medida apropriada. São vários os comportamentos empreendedores que dependem de algum tipo de familiaridade com números. Por exemplo: como fazer melhor, mais rápido e a custo menor sem comparar estatísticas referentes ao antes e ao depois? O mesmo vale para a importância crítica de se manter registros financeiros para decidir com segurança; para superar padrões de excelência e para atender aos prazos combinados. Ou, ainda, para estabelecer objetivos de curto prazo mensuráveis.

Podemos combinar fé com ciência e afirmar que o Empreendedor bota fé em números. A realidade empresarial não pode prescindir de bons números, sob pena de virar bagunça. No raio X de uma empresa, em vez de ossos, aparecem números na chapa. São os diversos registros contábeis e econômicos, não apenas os financeiros, que nos dizem o que está realmente ocorrendo.

Na prática, é preciso estar alerta para as mensagens que os números nos passam diretamente ou nos permitem calcular. Quando quiser saber a importância de alguma coisa (item, produto, processo produtivo etc.), procure saber qual é a participação percentual com que contribui para um dado resultado final. Quando for pequena ou diminuta, é provável que não seja determinante, podendo ser ignorada ou quase. Mas – cuidado! – não fique por aqui. Pergunte mais: qual será a participação de algo ou a contribuição de alguém (ou de um novo produto ou serviço) nos resultados futuros? Se o potencial de crescimento for grande, sua importância no futuro pode significar sobrevivência ou morte. Isso tudo. Exemplo: quando a Wells Fargo percebeu que seu negócio era transportar cargas e passageiros, não necessariamente em carruagens puxadas por cavalo, ela saiu na frente de suas concorrentes, que queriam continuar a fazê-lo do modo tradicional. Elas faliram, mas a Wells Fargo sobreviveu e cresceu utilizando os vagões das vias férreas, que atendiam muito melhor às suas necessidades. Os números da Wells Fargo, ainda hoje, confirmam o sucesso atingido.

E os *seus* números: são seus aliados ou inimigos? Uma coisa é certa: não basta apenas manter registros financeiros para a tomada de decisões bem fundamentadas. É crucial fazer o dever de casa em relação a todo tipo de registro relevante para o seu negócio. Não se engane: o sucesso passa pelos devidos registros.

Independência e autoconfiança

Da autonomia interior para a exterior

É preciso ter claro que a busca de autonomia em relação a normas e controles de outros não vai acontecer enquanto você não tiver autonomia em relação aos seus próprios desvios de comportamento. Sem romper primeiro as limitações que afetam negativamente seu desempenho, você não vai conseguir superar as oriundas de terceiros. Eu me lembro bem do já falecido Prof. Mário Henrique Simonsen, Ministro da Fazenda do governo Geisel (1974-1979), em suas aulas no curso de Mestrado em Economia da Fundação Getúlio Vargas. Às vezes, ao dar uma explicação alternativa para alguma mazela ocorrida em nossa economia, ele usava o seguinte preâmbulo: "Se você acredita em teoria da conspiração...". E aí se seguia uma análise do tipo em que tudo era maquiavelicamente tramado de fora para dentro contra o país. Vale ressaltar o tom de ironia com que ele dava esse tipo de explicação. Em sua visão, nossos problemas resultavam basicamente de nossas escolhas equivocadas em matéria de política econômica e não de alguma força estranha que nos levava inevitavelmente para o brejo.

De fato, por razões de ordem cultural, tendemos a fugir de nossa responsabilidade individual. Temos sempre um culpado de plantão: o governo, o banqueiro, o concorrente, o empregado etc. Na verdade, o perigo – ou o paraíso – mora dentro de nós. E ele se chama Voz Interior. Todos nós já nos pegamos em certos momentos nos dizendo coisas terríveis. Daquelas que nosso pior inimigo talvez não tivesse coragem de nos dizer cara a cara. Esse estrago devastador é feito por nossa Voz Interior, ou seja, por nós mesmos. O problema reside na frequência com que permite que ela lhe fale nesse tom de inimiga figadal. Esse tipo de diálogo interior suga nossas energias, nos deixando sem ânimo para superar os obstáculos que sempre surgem em nossa vida pessoal e profissional. Mas é possível administrar a seu favor essa voz que o acompanha 24 horas por dia.

O caminho das pedras tem de seguir certas etapas. Há como nos livrar do círculo vicioso dos pensamentos depressivos e ansiosos. Trata-se de uma técnica simples que pode transformá-lo em mestre em vez de vítima de seus pensamentos e sentimentos. Você assume o comando de sua vida e mais ninguém. Os cinco passos, sugeridos por J. T. Martorano e J.P. Kildahl, são os seguintes:

1. Ouvir-se – Desenvolva a capacidade de "ouvir" cuidadosamente seus pensamentos.
2. Pôr em relevo – Selecione, em seu diálogo interno, as palavras que são nocivas a você e aos seus próprios interesses.

3. Dar um basta – Crie uma barreira às palavras negativas presentes em seu diálogo interior.
4. Fazer uso do comutador – Interrompa o discurso de sua voz interior maléfica e o substitua por vozes interiores positivas.
5. Reorientar-se – Mude o foco de seus pensamentos adotando uma atitude mental ativa, capaz de resolver problemas e não de remoê-los.

Embora algumas dessas etapas possam ser parecidas, na verdade não o são. Merecem atenção e práticas individualizadas. Para iniciar, o melhor mesmo é fechar os olhos por alguns minutos e "ouvir" seus pensamentos. Todos eles: positivos e negativos. E, após eliminar os inúteis e perniciosos, começar a garimpar aqueles que possam ajudá-lo a caminhar na direção desejada. Esse exercício, em momento algum, pretende camuflar ou ignorar problemas, por mais sérios que sejam. O objetivo é mudar o enfoque no sentido de que você é capaz de resolvê-los, mesmo que para tanto seja necessário buscar ajuda de terceiros. Nunca se esqueça que são os seus pensamentos que alimentam seus sentimentos e ações. Cultivar sentimentos que levam ao desânimo é pura perda de energia. É por isso que alguém já disse que adiar decisões e tarefas é dar tempo ao diabo. De mais a mais, já se constatou que a demora excessiva, rotulada de cautela, antes de se tomar uma decisão não melhora a qualidade desta.

A metodologia descrita resultou de pesquisas direcionadas ao desenvolvimento da bem-sucedida Terapia Cognitiva, que desbancou, em quase todo o mundo, a análise freudiana. Ao pé da letra, ela significa Terapia do Pensamento, pois ela estuda os elementos da percepção e como utilizá-los para mudar nossa vida. Parte importante de sua base conceitual se deve à programação neurolinguística. Quem consegue fazer a própria cabeça desse modo livra-se facilmente de normas e controles de outros. Uma coisa leva à outra. Com certeza.

Firmeza diante de resultados iniciais desanimadores

Acreditar ou não acreditar – eis outra questão que também é relevante para Shakespeare. Em uma de suas peças, ele deixa claro a importância crítica de ser fiel a si mesmo. Não trair seus ideais é acreditar neles. De toda forma, todos nós temos nossas dúvidas. Há situações em que não sabemos se realmente acreditamos ou não naquilo que desejamos fazer. Manter nosso ponto de vista nessas horas não é fácil. O risco de não dar certo nos deixa paralisados ou lentos, sem avançar na conjugação do verbo fazer na primeira pessoa do indicativo: – Eu faço! Relembre aquele teste muito simples já mencionado para saber se realmente acredita em seu sonho. Basta perguntar: “Estou dedicando tempo ou pondo a mão no bolso em prol daquilo que desejo fazer?”. Seja honesto consigo mesmo: se não estiver fazendo nem uma coisa nem outra, pode estar certo de que tudo não passa de um belo discurso ou de devaneios mentais. É o papo furado levando a melhor e você, a pior. O teste tempo-bolso é infalível para dar a medida da firmeza de sua disposição em tocar para frente o que pretende fazer.

Todo Empreendedor convive com certo grau de estresse. Até certo ponto, isso é inevitável e saudável. Afinal, estresse zero significa risco zero, ou seja, acomodação plena. No entanto, quando o estresse ultrapassa certos limites, você entra na chamada zona de turbulência, que em bom português significa falta de controle nos negócios ou na vida pessoal, como me alertava um amigo. Nesses momentos, nossa sensibilidade não pode ficar embotada. Ter postura empreendedora não significa que não haverá vales profundos, difíceis de atravessar, em nossa caminhada. Significa, sobretudo, a certeza de que depois do vale, mais cedo ou mais tarde, virão as terras altas, aquelas que nos deixam mais próximos da realização de nossos sonhos. Sem acreditar nisso, nada vai acontecer.

No fundo, estamos abordando a velha questão: Empreendedor quebra? Não, não quebra. A empresa pode quebrar, mas ele não. E não quebra por saber que seu Espírito Empreendedor vai estar sempre presente em seus momentos difíceis, algo muito parecido com a presença do Espírito Santo para os cristãos convictos, que lhes dá a certeza de estar sempre ao seu lado, nos bons e nos maus momentos. É por isso que o Empreendedor defende com tanto ardor seus pontos de vista. Falta de apoio familiar, oposição dos amigos e resultados inicialmente desanimadores não conseguem abalar as convicções de quem sabe para onde quer ir.

O teste tempo-bolso pode, entretanto, ser útil de outra forma. Se, por um lado, ele deixa claro se houve desvio ou não em seu caminho, por outro, ele também lhe permite redirecionar prioridades. Como? Muito simples. Imagine que tivesse estabelecido, como meta de seu programa de condicionamento físico nadar pelo menos três vezes por semana. E que, após seis meses, se descubra literalmente como um peixe fora d'água... da piscina. Fica mais ou menos evidente que você se "afogou" em sua piscina virtual. Talvez não goste mesmo de nadar. Mas já pensou em caminhar, em jogar futebol de salão ou tênis? O programa de condicionamento físico pode ser feito por outras vias. Desacreditar-se, nesse caso e em muitos outros, pode ser pura falta de imaginação. Exatamente como aquele indivíduo que se chamava Francisco e a mulher, Francisca. E que se casaram no dia de São Francisco, na igreja de São Francisco, no largo de São Francisco, no Rio de Janeiro. (Por pouco não foi em San Francisco...) E que, quando nasceu o primeiro filho, tiveram a suprema falta de imaginação de lhe darem o nome de Francisco!

Já deu para perceber que acreditar passa por manter em alta seu Espírito Empreendedor. Essa é basicamente uma responsabilidade individual, mas você não está proibido de ir beber na fonte que abastece seu reservatório de energias realizadoras. Assim como os monges beneditinos costumam ser fonte de reabastecimento espiritual uns para os outros, nada impede que busque ajuda de quem está no mesmo barco. Isolar-se de seus pares é contraproducente. A grande vantagem é que eles vão entender o porquê de sua defesa, com unhas e dentes, de seu projeto empresarial, que, em um sentido muito profundo, é seu próprio projeto de vida.

Confiança em si mesmo para enfrentar desafios

VOCÊ SABIA que todos nós temos um *home theater*, aquela sala particular de projeção de filmes? Alguns a tem literalmente, com todos os apetrechos eletrônicos que a compõem; outros, a maioria, a possuem dentro da cabeça ou do coração ou ainda dentro de ambos. Há controvérsias. Um exame mais cuidadoso revelou que a tela fica na mente e as caixas de som no coração, executando um trabalho de equipe fantástico em direção ao paraíso, ao purgatório ou ainda... ao inferno.

Exatamente como no cinema, na vida real, nós sempre temos a opção de escolher a que filme pretendemos assistir. Dependendo de nosso estado de espírito, podemos escolher uma comédia, um drama, um filme de terror ou ainda outro gênero qualquer sobre história ou sobre a vida dos grandes realizadores. Já observou que um filme sobre coisas rotineiras não nos prende a atenção? E que não existe uma palavra adequada que o defina como gênero cinematográfico? Agora, uma pergunta impertinente: que tipo de filme está assistindo em seu cineminha particular, aquele que você passa em sua mente e em seu coração? Mais importante ainda: qual o roteiro do que você está filmando no seu dia a dia? Ele o ajuda a superar dificuldades e desafios ou tende a complicar a sua vida? Pausa para meditação e resposta objetiva.

Se gostou ou não gostou de sua resposta, em ambos os casos é possível melhorar. Cores mais nítidas e som mais adequado aos seus propósitos estão sempre na ordem do dia. De um modo geral, imagens e sons são instrumentos poderosos para enfrentar desafios. Mas nem sempre fazemos uso deles. Jamais vou-me esquecer da palestra "Competência de ser feliz", da Leila Navarro, no Encontro Internacional e Latino-Americano de Empreendedores, de 1999, no Rio de Janeiro. No final do *happening* com que nos brindou, ela nos disse que, toda noite, antes de dormir, colocava uma música do tipo *gran finale* para comemorar o final de seu dia de trabalho. Fechava as "cortinas" e "ouvia" os aplausos pelo seu desempenho. Na verdade, é um modo muito criativo de acumular energias para os desafios do dia seguinte. Dormir bem consigo mesmo é mais do que uma grande ideia. É uma prática que gera resultados, daqueles que deseja ardentemente. O grande cientista e Empreendedor americano Ray Kurzweil faz algo semelhante: ele vai para a cama com algum problema importante a ser resolvido na cabeça e deixa que seu subconsciente trabalhe durante a noite. No dia seguinte, com frequência, a solução surge quase como um passe de mágica.

É muito comum deixarmos em branco nossa tela de projeção particular. Ou utilizá-la para passar imagens e sons que não nos ajudam em nada. Como há sempre uma pedra no caminho, Daniel Goleman, o guru da Inteligência Emocional (IE), enfatiza a importância de manter o otimismo diante das dificuldades da vida. Ele dá como exemplo a reação a uma nota baixa. O pessimista diz para si mesmo: "Sou burro!". O otimista adota uma postura que lhe dá energia para enfrentar o problema: "Deveria ter estudado mais". Para não restar dúvidas, vale registrar que o Dalai Lama também recomenda, em seu livro cuidadosamente traduzido no Brasil, manter e cultivar estados mentais positivos.

Essa postura gera autoconfiança diante das dificuldades. A experiência de vida e a densidade espiritual dele não poderiam estar equivocadas.

O fato concreto é que o Empreendedor está sempre querendo ir além, realizar mais. No fundo, ele é um excelente roteirista, capaz de identificar os passos a serem dados para contornar dificuldades e enfrentar desafios. Na prática, ele é capaz de estar sempre "filmando". E você? Eu descobri que fechar os olhos e passar um filminho do que eu desejo fazer, sem esquecer os detalhes operacionais, é tremendamente estimulante. Naqueles momentos em que sabe que deveria estar fazendo alguma coisa mais produtiva, dê um grito de "Viva a Liberdade!", e comece a "filmar". Pode até continuar em frente à TV ou na cama, mas feche os olhos e comece a ver o *seu* filme, com cor e som da melhor qualidade. Fique nesse novo canal, use a imaginação a seu favor. Pouco depois, vai se surpreender fazendo exatamente aquilo que estava sendo postergado. Não há dificuldade ou desafio que resista. Faça o teste.

Persuasão e contatos

Buscando influenciar e persuadir

Certamente você já ouviu alguém dizer: "Eu trato todo mundo igual". Soa até justo, não é mesmo? Só que isso não existe. Ou melhor, até existe, mas é por isso mesmo que não funciona.

Para entender mais a fundo o que foi dito acima, é preciso traçar uma distinção entre observar e perceber. Imagine-se na sala de espera de um médico famoso, daqueles que são muito requisitados e nos obrigam a esperar mais do que gostaríamos pela consulta. Suponha que você observe que os diplomas pendurados na parede estão rigorosamente alinhados, que a pilha de revistas esteja toda arrumadinha. E, ao ser atendido, note que os objetos sobre a mesa de trabalho dele também estão dispostos de forma ordenada e as paredes, pintadas em tons sóbrios. Até aqui, observação. Perceber requer ir além e fazer uma ligação entre esses indícios e inferir que ele deve ser uma pessoa metódica e séria. A boa notícia é que essa capacidade pode ser desenvolvida.

Mais importante é desenvolver a percepção em relação às pessoas. Embora haja classificações mais minuciosas, as pessoas, para fins práticos, podem ser divididas em quatro tipos básicos de personalidade: o positivo ativo, o positivo passivo, o negativo passivo e o negativo ativo.

O positivo ativo é o entusiasta. Aquele tipo de pessoa que está sempre para cima. É determinada, vende bem suas ideias, sabe persuadir. É gostoso estar com ela. Mas, às vezes, esse excesso de autoconfiança faz com que ela não se planeje bem, confie demais em si mesma, seja impulsiva. Nela, a liderança é uma qualidade natural, espontânea. O positivo passivo é o metódico. Se possível, faria vinco na cueca. Se deixar instruções precisas para fazer isso ou aquilo quando fulano ou beltrano chegar, ele vai cumpri-las rigorosamente. Mas se chegar sicrano, ele não saberá o que fazer. É pouco flexível, repetitivo e tímido. Mas é discreto e muito leal. Ai de quem falar mal de um amigo ou do chefe. Bem conduzido, é um excelente funcionário. O negativo passivo é o melancólico. Se você perguntar como vai, a resposta vai ser do tipo: "Está difícil. Devo a todo mundo. Perdi o emprego. Ninguém me ama, ninguém me quer". Para ele, nada vai dar certo. Mas tem um lado criativo. Belas canções de amor foram compostas num profundo estado de melancolia. Esse tipo de pessoa tem muita facilidade de conseguir ajuda dos outros. Sabe manipular. Tirar vantagem é com ela mesma. Por último, temos o negativo ativo. Este é muito perigoso, pois se trata de um desagregador. Por onde passa causa confusão e tragédia. É uma pessoa falsa, destruidora do espírito de equipe. Se sabe que recebeu uma promoção, até vem cumprimentá-lo e elogiá-lo. Mas sai dali pensando coisas do tipo: "Como é que esse sujeito conseguiu essa promoção e eu não? Deve ser um puxa-saco do chefe". No fundo, é incompetente, pois critica demais e se preocupa excessivamente com os outros. Ao rebaixar os outros para subir, revela falta de autoestima. É manipulador ao extremo. Convence os incautos com incrível capacidade. Numa empresa, é nitroglicerina pura. Cuidado com ele. É capaz de pôr tudo a perder.

Mas será que as pessoas são entusiastas, melancólicas, metódicas ou desagregadoras o tempo todo? Claro que não. O que vai definir o tipo de personalidade de uma pessoa é quanto tempo ela permanece em cada uma dessas categorias. Se durante 70% ou 80% do meu tempo eu me comporto entusiasticamente, eu sou um positivo ativo. Ou tenho, na maior parte do tempo, um comportamento metódico, eu sou um positivo passivo. E assim por diante. Todos nós, ao longo do tempo, já nos comportamos de acordo com um desses modelos em algum momento. Importa saber qual deles predomina numa dada pessoa.

É por isso tudo que não dá para tratar todo mundo do mesmo modo. Atue, preferencial e diferenciadamente, segundo o comportamento posto em prática pelas pessoas em cada situação. Reforce os comportamentos positivos. Quem combina entusiasmo com método vai longe. Melancolia e desagregação dão uma soma negativa: ou um ou outro sai ganhando ou perdendo, jamais os dois. Mas não rotule, atue sempre sobre fatos para influenciar ou persuadir.

Lançando mão das pessoas-chave

TODA VEZ QUE NOS REFERIMOS A ALGUÉM usando a expressão "fulano conhece Deus e o mundo", não conseguimos esconder nossa admiração misturada a uma pontinha de inveja. E com razão. Sabemos que muitas oportunidades são pescadas nessa rede de contatos. Essas pessoas são normalmente bem-sucedidas em seu ramo de atividade. Elas, consciente ou inconscientemente, utilizam a técnica da corda e da caçamba: novos contatos ou novas amizades sempre trazem consigo novas oportunidades. Na verdade, acabam (e começam) cultivando oportunidades. Aproveitar oportunidades que passam à nossa frente é muito bom, mas criá-las é melhor ainda. Alguém falou em efeito multiplicador? Pois acertou na mosca.

A expressão "conhece Deus e o mundo" encerra em si uma riqueza de significados que pode nos escapar numa primeira aproximação. Por exemplo: põe Deus na frente e não esquece o mundo. Ou ainda: conhece as coisas lá de cima e as daqui de baixo também. Sentir-se à vontade nas coisas do Espírito e nas materiais é como ter régua e compasso. A régua para nos dar direção e o compasso para contornar os obstáculos que vão surgir sempre. Se Gilberto Gil pensou ou não nessa função do compasso ao criar o verso, pouco importa. Obras abertas são ricas e têm interpretações para além das intenções iniciais do autor. E, no caso, com as bênçãos dele.

Pare agora para pensar por um minuto. Quase todos os comportamentos típicos do Empreendedor não funcionam sem uma boa rede de contatos. Você vai constatar que é impossível pôr em prática a maioria dos comportamentos empreendedores se não for levada a sério a ampliação permanente de sua rede de contatos. Se já está com a mão na massa, meus parabéns. Se está indo devagar, pise no acelerador. Mas se estiver paralisado, é só começar. Nunca é tarde demais, pelo menos enquanto estivermos vivos e com disposição.

Por experiência própria, constatei as inúmeras ocasiões do meu dia a dia em que deixava passar oportunidades de fazer um novo contato ou uma nova amizade. Hoje, ao entrar em contato com qualquer pessoa, desenvolvi o hábito de lhe perguntar o nome e o que faz. E de ouvir. Isso funciona como se fosse mágica. Todo mundo tem fome de ser importante. Isso vale para você e para mim também. Seja democrático, preocupe-se, e muito, com seus contatos importantes, mas não apenas com eles. O ascensorista, a caixa do supermercado, o porteiro de um edifício comercial, a secretária de uma pessoa importante são pessoas reais, merecedoras de serem tratadas com respeito. E são dignos de sua amizade, se souber merecê-las. Eu disse merecer, e não comprar. Aqui está a base de troca mutuamente benéfica.

Nós não desenvolvemos nossa capacidade empreendedora para cair no vazio. Dinheiro é consequência de um trabalho benfeito. Nós almejamos essa consequência. Mas, para ganhá-lo, é preciso construir uma ampla rede de contatos. O caminho da abundância espiritual e material passa pelas amizades feitas ao trilhá-lo. Você não chega lá primeiro para depois fazê-los. Aqui mora o perigo. A ordem dos fatores, nesse caso, adultera o produto. E muito.

Um negócio só vai para frente se muitas pessoas forem envolvidas no processo. Elas precisam dizer às outras pessoas que seu negócio é excelente. Mas cabe a você alimentá-las com informações e atitudes, produtos e serviços que as estimulem a fazer o boca a boca a seu favor. Certifique-se também das coisas básicas do tipo de produto (ou serviço) certo, na hora certa, no lugar certo e por meio da pessoa certa. Essa corrente não pode ter elo frágil. E já sabe por quê. Sua rede de contatos pode ficar sem assunto. Mas você tem de dar o que falar. No bom sentido, claro. O molho de chaves para abrir as portas do sucesso está em suas mãos.

Agindo para desenvolver e manter relações comerciais

Ninguém faz coisa alguma sozinho. Ou faz muito pouco. Em compensação, nos surpreendemos com o que conseguimos realizar quando dispomos da ajuda correta na hora e no local certos. Quem se esquece de como são gratificantes situações como essas? Tudo fluindo na direção desejada. A única coisa que lamentamos é que elas não sejam mais frequentes. Por que não são? Por que certas pessoas conseguem realizar o "milagre" e outras não?

O truque não é fácil de ser reproduzido, mas também não é impossível. Se olhar bem no fundo da cartola de onde sai o coelhinho, você vai observar que existe uma poderosa rede de relações comerciais operando o "milagre". Pouco importa que essa rede seja o produto de um longo e habilidoso trabalho ou até pareça espontânea (pessoas com açúcar, com imensa capacidade de atrair as demais). O fato substantivo é que sem contatos comerciais tudo fica mais lento e difícil de ser feito, podendo nem mesmo acontecer. Trata-se, nesse caso, de pôr em prática a chamada inteligência interpessoal, ou seja, a habilidade e a capacidade de fazer com que as coisas sejam realizadas com as pessoas e por meio delas. Vale lembrar que uma habilidade é algo que pode ser cultivado. Não pode ser encarada como uma espécie de dádiva dos deuses aos eleitos, em especial no que diz respeito às relações comerciais. Lembre-se sempre de que as relações entre empresas são intermediadas por pessoas de carne e osso, cheias de emoções.

De forma muito direta e prática, Tom Peters, famoso guru e autor do livro *Em busca da excelência*, aconselha que, além de manter e expandir nosso círculo de amizades, é fundamental atualizar sempre o caderninho de telefones (devemos conhecer pessoas – muitas pessoas). Qualquer época é especialmente propícia para saber a quantas anda nossa rede de contatos pessoais. Peters nos diz que sua efetividade é proporcional à espessura de seu caderninho de telefones, à sua taxa de expansão, à porção de entradas no dito cujo para além do nosso círculo empresarial e ao tempo dedicado à sua manutenção. Essas dicas nos permitem saber, de forma muito objetiva, como estamos nessa área, que é crítica para o sucesso.

Mas sabemos também que nada funciona sem combustível. A grande questão é: como engrossar o caderninho de telefones? Meu irmão usava muito a expressão "ter hora de esquina". Confesso que a minha reação a essa visão, durante um bom tempo, era de pura perda de tempo. Talvez porque a tomasse ao pé da letra. O tempo me ensinou que essa história de jogar conversa fora se parece muito com a atividade de garimpar. Tem muita água e cascalho, mas também pepitas que compensam com folga o suposto tempo perdido. O dono da Walmart, a rede americana de supermercados que cresceu espetacularmente nos últimos anos, dentro e fora dos EUA, gastava boa parte de seu tempo para manter contato direto com seus clientes diretamente nos corredores de suas lojas. Foi assim que ele aprendeu a atender sua clientela melhor e de forma mais ágil, cômoda e barata.

A nossa tendência natural é pensar que esse contato intenso com os clientes é o suficiente. Não é. As informações obtidas nesses contatos tem de ser processadas, analisadas e, na medida do possível, comparadas com situações semelhantes e com os resultados que foram obtidos. Para tanto, é preciso ir além do círculo imediato de relações com os clientes e trocar ideias com empresários que frequentam associações de classe, rede de amigos, grupos com afinidades semelhantes e até concorrentes. Em um jantar de confraternização de fim de ano de minha turma de economistas, tive a oportunidade de fazer dois belos contatos, um de caso pensado e outro espontâneo. O primeiro foi um contato que fiz com o dono do restaurante, que eu já conhecia, para fechar um negócio num local onde disponho de um espaço que lhe cabia como uma luva. O segundo foi saber que um colega nosso conhecia a manda-chuva de uma importante cadeia de restaurantes, com a qual eu já havia tentado fazer negócio, mas sem conseguir descobrir o caminho das pedras.

O conhecimento aplicado é hoje, tanto no sentido de saber, quanto no de ter contatos, a chave para o sucesso pessoal e comercial. É de seu interesse sair em busca deles. Ontem.

Palavras finais

Ao longo deste livro, você foi exposto às características e às reações típicas da personalidade do Empreendedor. Ter iniciativa, administrar riscos, paixão pela qualidade, persistência, comprometimento, busca de informações, saber cumprir metas, planejar e monitorar, independência e autoconfiança e ainda persuasão e rede de contatos são características que estão no DNA do Empreendedor, ilustradas, cada uma, por três situações práticas de seu modo de agir no dia a dia. Essas características podem passar a impressão de que o Empreendedor nada mais é do que o famoso *self-made man* típico da cultura anglo-saxã e que educação não importa tanto assim. Cabe aqui um alerta sobre esses dois pontos e ainda enfatizar um terceiro referente a sócios.

Existe hoje vasta literatura crítica sobre o *self-made man*. Não se nega o alto grau de iniciativa pessoal desse tipo de personagem. O que se questiona é que só se conta a parte heroica e pessoal da história, sem abrir espaço para pessoas e situações que tornaram possível essas epopeias individuais admiráveis. Em outras palavras, a ajuda fundamental que receberam ou dos pais, ou de terceiros, ou das circunstâncias do período de vida de cada um. Ou ainda de uma combinação desses três fatores críticos do sucesso. Abraham Lincoln, Henry Ford e Bill Gates nasceram em momentos históricos que lhe foram favoráveis e receberam ajuda de pessoas às quais não se dá a devida importância. Em especial, a ajuda oriunda do ambiente familiar no sentido de estimular uma criança a se expressar e a ocupar seu espaço na vida. Não é preciso muita imaginação para perceber que filhos de empresários veem como natural a ideia de ter um dia seu próprio negócio, ao passo que essa possibilidade dificilmente passa pela cabeça de crianças cujos pais são empregados. Não estamos falando de nenhum tipo de determinismo socioeconômico, mas do peso do contexto na visão de mundo de uma criança em seu período de formação ou de um jovem adulto ao dar seus primeiros passos na vida. Claro que nada disso impede que floresçam vocações excepcionais de Empreendedores. Ou que criemos um ambiente institucional indutor que lhes seja propício. Muito pelo contrário.

Família, terceiros e circunstâncias de época são fatores a serem examinados, buscando em cada um aquilo que o outro não pode dar. Se os três lhe são favoráveis, ótimo. Caso contrário, busque aquele samba de duas notas ou ainda o nosso velho conhecido de uma nota só, mas não deixe que sua vida fique sem ritmo. Essa é também a maneira de você se livrar do mito do *self-made man*, daquele tipo de personagem principal do "filme" *Tarzan contra o mundo*, que receberia de um "crítico" sarcástico o comentário: "Está na cara que Tarzan vai vencer". Isso simplesmente não existe. Cultive a humildade para buscar a ajuda que sempre será necessária.

Há casos em que o próprio Empreendedor nem desconfia que o mundo está conspirando a seu favor. E pensa que é uma espécie de rei da cocada preta. Nada mais perigoso.

O segundo alerta tem a ver com educação. Já fizemos uma distinção entre escolaridade formal e informal. Sabemos que o Empreendedor, por um lado, é craque nesta última por sua grande capacidade de aprender na escola da vida. Por outro lado, numerosas pesquisas mostram a relação positiva entre escolaridade e nível de renda de uma pessoa. Mas não comprovam que elevada escolaridade seja o passaporte para ficar rico. O caminho do ouro tem a ver com atitudes para aproveitar ou criar oportunidades. Entretanto, cabe ao Empreendedor ter faro apurado para selecionar colaboradores ativos com elevada escolaridade. Conhecimento técnico especializado é vital para o sucesso de um empreendimento. Contratar pessoas mais competentes do que ele em áreas específicas é parte fundamental do *kit* de sobrevivência do Empreendedor que sabe transformar sonho em realidade.

O último alerta é em relação ao tipo de sócio a ser garimpado. Eu disse garimpado. Ter um sócio craque em características e comportamentos em que você não se sente à vontade evita o fenômeno muito comum do sócio papel-carbono, aquele que é bom naquilo que você já domina. Essas afinidades eletivas são perigosas. Para o sucesso do seu empreendimento, se ele ou você for bom em planejamento, isso vai ajudar muito. Pesquisas demonstram que tendemos a não planejar e a monitorar menos ainda. Não obstante, sempre encontramos tempo para o cansativo retrabalho. Uma, duas ou mais vezes.

Confesso que me foi gratificante poder ajudá-lo à conhecer o caminho das pedras que permite ao Empreendedor fazer coisas que até Deus duvida, para citar um verso famoso da letra de "João Valentão", do nosso Caymmi. Na verdade, no caso do Empreendedor, ele não se enquadra bem na categoria de valentão, mas certamente está familiarizado com as pedras do caminho e não se intimida com elas. Ele segue à risca o alerta de Henry Ford: "Obstáculos são aquelas coisas assustadoras que você vê quando desvia os seus olhos de sua meta".

Claro que o projeto de vida do Empreendedor não é fácil de implementar da noite para o dia. Mas os resultados são mais que compensadores. Eu diria que, para quem tem de comer um elefante, é bom dar uma mordidinha de cada vez. Passar um pente fino nas dez características e saber quais delas você domina pode ajudar muito. Criar condições de pôr em prática os comportamentos que as acompanham, melhor ainda. Em especial, aqueles que você precisa praticar, mas sem esquecer de lubrificar os que você já conseguiu desenvolver bem. Ou ter a sensibilidade apurada para saber quais são as suas deficiências e convidar para sócio, como já alertamos, alguém que seja capaz de suprir seus buracos negros. Esse tipo de sócio vai gerar resultados em vez de dissabores.

Shakespeare foi filosófico, sábio e muito prático em matéria da vida como ela é ao escrever o verso: "Doces são *os usos* da adversidade". E ainda acrescentou: "Cada um pensa em mudar a humanidade, mas ninguém pensa em mudar a si mesmo". O primeiro passo nessa direção é ter humildade para tirar pleno proveito da genuína sabedoria de aprender com os outros, de encarar a ajuda com naturalidade. Esse é um bom começo. Espero ter despertado em você essa nova paixão pela figura do Empreendedor, por essa sadia metamorfose. Caso tenha conseguido, este livro atingiu seu propósito. Finalmente, mas nem por isso menos importate, um desafio: ler, cuidadosamente, as Referências Comentadas. Postas em prática, vão ajudá-lo, mais do que você possa imaginar, a rodar o filme em que o autor principal é Você no papel de quem se revelou Empreendor na vida real. Mãos, coração e mente à obra!

Referências comentadas

ABRAHAMSON, Eric; FREEDMAN, David. H. *Uma bagunça perfeita*. Rio de Janeiro: Rocco, 2007. Os autores nos provocam mostrando os caminhos que nos permitem aproveitar as vantagens da desordem. Armários abarrotados, escritórios entulhados e planos feitos às pressas podem dar certo. São exploradas situações em que a bagunça tende a ser mais vantajosa e mais prática do que a ordem. Os exemplos ilustrativos nos deixam antenados para possibilidades insuspeitas.

BHIDE, Amar et al. *Empreendedorismo e estratégia*. Rio de Janeiro: Campus, 2002. São vários ensaios sobre temas ligados ao empreendedorismo. Dentre vários outros, merecem leitura "As perguntas que todo Empreendedor deve responder", de Amar Bhide, e "Como elaborar um grande plano de negócios", de William A. Sahlman.

BOSSIDY, Larry; CHARAN, Ram. *Desafio*: fazer acontecer – A disciplina de execução nos negócios. São Paulo:

Negócio Editora, 2002. Os autores nos mostram a forma de unir os três processos-chave de qualquer negócio – o processo de pessoal, a estratégia e o plano operacional – para conseguir que as coisas aconteçam dentro do prazo.

BOYETT, Joseph; JIMMIE. *O guia dos gurus II.* Rio de Janeiro: Campus, 2001. As melhores ideias e os melhores casos de sucesso dos maiores empreendedores do mundo. Os autores nos dão uma visão panorâmica do tema empreendedorismo.

BOYETT, Joseph; JIMMIE. *O guia dos gurus.* Rio de Janeiro: Campus, 2001. O livro aborda os melhores conceitos e as melhores práticas de negócios. As diferenças entre líderes e gerentes são inspiradoras para quem quiser dar asas a seu Espírito Empreendedor.

DE BONO, Edward. *Novas estratégias de pensamento.* São Paulo: Nobel, 2000. O autor é o criador do chamado pensamento lateral, que obteve a suprema honra de virar verbete duplo no Webster's – *lateral thinking*. Segundo Bono, no último milênio, o pensamento se limitou ao que é – ou seja, pensamento analítico, pensamento polêmico, criticismo. E não se investiu na construção de um pensamento voltado para o que *pode ser*, que é o modo de pensar criativo e construtivo.

DOLABELA, Fernando. *O segredo de Luísa.* São Paulo: Cultura Editores Associados, 1999. Uma ideia, uma paixão e um plano de negócios: como nasce o Empreendedor e se cria uma empresa. Mostra, de modo muito prático (e romanceado), o caminho das pedras.

DOLABELA, Fernando. *Oficina do empreendedor.* São Paulo: Cultura Editores Associados, 1999. Trata-se de uma metodologia de ensino que ajuda a transformar conhecimento em riqueza. Saiba como "construir" Empreendedores.

DRUCKER, Peter F. *O gerente eficaz.* Rio de Janeiro: Livros Técnicos e Científicos, 1990. Este livro é uma pequena obra-prima. O autor nos ensina a distinguir eficiência, que é fazer certo, de eficácia, que é fazer a coisa certa. Esta última é a que leva aos resultados pretendidos. A principal virtude desse livro é mostrar que eficácia pode ser aprendida, já que é um hábito, ou seja, um complexo de normas práticas. Pode ajudar muito, em termos de auto-organização, a pessoas com perfil de Empreendedor.

EPICTETO. *A arte de viver* – O manual clássico da virtude, felicidade e eficácia. 3. ed. Rio de Janeiro: Sextante, 2000. Trata-se de uma nova interpretação de Sharon Lebell. Cada página desse livro exala sabedoria. Epicteto foi um filósofo grego que viveu entre 55 d.C. e 135 d.C., mas que continua atualíssimo. Parece enviar mensagens direcionadas ao Espírito Empreendedor válidas há mais de dois mil anos. Segundo ele, "o primeiro passo para viver com sabedoria é renunciar à vaidade".

GEHRINGER, Max. *Clássicos do mundo corporativo*. São Paulo: Globo, 2008. São textos curtos com a verve característica do autor. Alguns tópicos: O valor da teoria e da prática; Obediência ou rebeldia?; Os que aceleram e os que freiam; O efeito príncipe Charles etc. O autor sabe misturar, na dose certa, ironia, humor e sabedoria prática da melhor qualidade para enfrentarmos a vida real.

GIANNETTI, Eduardo. *O valor do amanhã*. São Paulo: Schwarcz, 2005. Trata-se de um ensaio sobre a natureza dos juros. Gratificações futuras exigem sacrifícios no presente. E muito mais. Texto de leitura agradável.

GLADWELL, Malcolm. *O ponto da virada* – Como pequenas coisas podem fazer uma grande diferença. Rio de Janeiro: Sextante, 2009. Diferentemente da mecânica clássica de Newton, em que o resultado obtido era proporcional à força do impacto inicial, o autor nos mostra, como ensina a teoria da complexidade, que o bater de asas de uma borboleta no Japão pode causar, via efeitos encadeados e cumulativos, um terremoto no Caribe. Obrigatório para quem deseja fazer a diferença. O autor nos mostra como se formam os fenômenos denominados por ele de "epidemias" sociais.

GOLEMAN, Daniel. *A arte da meditação.* Rio de Janeiro: Sextante, 1999. Trata-se de um guia para meditação que vem acompanhado de um CD com instruções passo a passo de como meditar. Essencial para dominar as tensões do dia a dia. Autor do *best-seller Inteligência emocional*, também recomendado.

KATZ, Lawrence C.; MANNING, Rubin. *Mantenha o seu cérebro vivo.* Rio de Janeiro: Sextante, 2000. O livro apresenta um programa de exercícios da Neuróbica, que oferece ao cérebro experiências fora da rotina, usando várias combinações de seus sentidos – visão, olfato, tato, paladar e audição – além dos "sentidos" emocional e social. Ajudam também a prevenir perda de memória e a aumentar a capacidade mental.

KOCH, Richard. *As leis do poder* – A ciência do sucesso. Rio de Janeiro: Rocco, 2003. Nesse livro, o autor explora 17 princípios científicos universais que podem ser aplicados, de forma muito bem-sucedida, aos negócios. A aplicação do Princípio 80/20 a situações práticas é simplesmente genial. Que tal saber como aplicar aos negócios as Leis de Newton, a Teoria da Evolução de Darwin ou a Teoria da Relatividade de Einstein? Esse livro é um manancial de ideias práticas da melhor qualidade.

LAMA, Dalai. *Amor, verdade e felicidade*: reflexões para transformar a mente. Rio de Janeiro: Nova Era, 2001. Livro que a caneta de Sua Santidade parece ter incorporado a essência da inteligência, definida por Aristóteles como "a insolência educada". O autor estimula o leitor a manter a mente alerta. Tudo de modo muito suave e educado.

LEITE, Emanuel. *O fenômeno do empreendedorismo* – criando riquezas. 2. ed. Recife: Edições Bagaço, 2000. O autor cobre um amplo espectro de temas sobre empreendedorismo. Aspectos psicológicos, de gestão, de inovação e muitos outros da personalidade empreendedora.

NAVARRO, Leila. *Talento para ser feliz.* São Paulo: Gente, 2000. A autora nos mostra caminhos para lidar com as mudanças oriundas da globalização e da tecnologia, e traça um panorama bastante otimista sobre a incrível e, às vezes, desconhecida capacidade humana de adaptar-se às mudanças. Sua visão dos problemas como desafios é estimulante e contagiante.

NELSON, Bob. *Faça o que tem que ser feito* – E não apenas o que lhe pedem. Rio de Janeiro: Sextante, 2003. Trata-se de um guia para tornar seu trabalho mais gratificante. Muito prático e objetivo.

RAO, Srikumar. *Você está preparado para o sucesso?* São Paulo: Elsevier Editora, 2006. Esse livro é fundamentado no renomado curso do Dr. Srikumar Rao, *Criatividade e domínio pessoal*, ministrado na Columbia University. Trabalha questões que vão desde a liberdade e a liderança até a felicidade. Oferece ainda uma série de exercícios e lições que vão ajudá-lo a se preparar espiritualmente para enfrentar situações empresariais com êxito e satisfação pessoal.

SHINYASHIKI, Roberto. *O sucesso é ser feliz*. Rio de Janeiro: Aurora, 1997. O autor elabora o conceito de sucesso, mostrando que existem coisas fundamentais na vida além do lado puramente material. Sucesso tem outras dimensões sem as quais o sucesso puramente financeiro se torna vazio.

SILVA, Ozires. *Cartas a um jovem empreendedor*. São Paulo: Elsevier Editora, 2006. Em tom coloquial, Ozires Silva, criador da EMBRAER, compartilha com o leitor sua visão de como transformar sonho em realidade. Trata-se de um relato humano a respeito da importância do sonho, do valor dos relacionamentos e das qualidades como persistência, flexibilidade e dedicação. Ele montou a linha de produção de dar asas ao Brasil, como fez Santos Dumont. Literalmente.

TRANJAN, Roberto Adami. *Metanoia* – Uma história de tomada de decisão que fará você rever seus conceitos. São Paulo: Gente, 2002. O autor busca despertar para a mudança a partir do interior. Metanoia, palavra de origem grega, significa mudança essencial de pensamento ou de caráter. Uma nova maneira de enxergar a realidade.

TZU, Sun. *A arte da guerra* (Os treze capítulos originais). São Paulo: Jardim dos Livros, 2006. Trata-se de um dos clássicos mais influentes do pensamento oriental sobre estratégia. Esta edição é completa, adaptada por Nikko Bushidô, que nos traz com excelência os ensinamentos do general chinês Sun Tzu, que, há cerca de 2500 anos, influencia o mundo dos negócios e suas estratégias. Um clássico.

VON OECH, Roger. *Espere o inesperado *(ou você não o encontrará).* Rio de Janeiro: Bertrand Brasil, 2003. Trata-se de uma ferramenta de criatividade baseada na ancestral sabedoria de Heráclito. Exemplos de seus brilhantes *insights*: "Onde não há luz do sol, podemos ver as estrelas"/ "A água do mar é pura e impura: para os peixes, potável e vital; para os humanos, impotável e corrosiva"/ "É mais urgente extinguir a arrogância do que os incêndios". E muito mais. Heráclito sabia das pessoas e das coisas.

Ideias Reunidas Linotipo Digital

Com o objetivo de fomentar o conhecimento, a reflexão, a difusão e o debate do pensamento clássico, criamos a editora Linotipo Digital, que já nasce disposta a expandir seu catálogo apoiada em cinco pilares editoriais, cinco conjuntos de ideias, e a atrair também jovens leitores para esse segmento cultural, além dos eternos amigos da literatura de qualidade.

O primeiro trará obras que abordem o pensamento clássico, as ideias, a filosofia, a religião, o humanismo e a arte. O segundo será dedicado exclusivamente a biografias. O terceiro, de perfil histórico, reunirá obras acerca de fatos marcantes, nações, reinos, movimentos sociopolíticos e invenções. No quarto pilar, estarão obras a respeito de empreendedorismo, além de assuntos profissionais e técnicos. Para o quinto pilar, ficarão reservadas as obras típicas de primeira leitura, em formato simplificado e custo reduzido, destinadas aos jovens leitores e adeptos iniciais do pensamento clássico.

Ideias Reunidas Linotipo Digital, este quarto pilar, tanto para livros impressos quanto para digitais, abrange obras sobre empreendedorismo, negócios e gestão empresarial, e mesmo nesse campo tão aberto, sem qualquer receio de ser rotulado como conservador, pois o próprio conceito de atualização constante, desde que de necessidade comprovada é, por definição, uma prática conservadora, bem como o estímulo à reflexão e ao debate inteligente são valores que mantém um negócio em pé; este pilar trará em si um esforço permanente para provar que conceitos clássicos como uma boa ideia aliada a um propósito honesto não podem ser taxados de coisas antigas, apesar de estas andarem meio esquecidas em meio aos valores imediatistas e oportunistas da atualidade.

O desafio nessa iniciativa é mostrar o estabelecimento de um elo entre o passado e o futuro por meio do pensamento de empreendedores do passado e os atuais. Ao descobrir que pessoas e ideias tradicionais têm, sim, muito a ver com o leitor, este passará a enxergar a relevância e o impacto dos valores perenes, que levam à reflexão e ao debate positivo, abrindo mentes para a formação de opiniões próprias e, portanto, livres de modismos e imposições culturais.

esta obra foi composta pela Spress
e impressa em off-set pela Geográfica
sobre papel pólen soft 80g
para a Linotipo Digital Editora e Livraria Ltda.
em junho de 2012